村上正邦
平野貞夫
筆坂秀世

参議院なんかいらない

幻冬舎新書
041

まえがきに代えて

筆坂秀世

本書は村上正邦、平野貞夫、そして私、筆坂秀世による鼎談《ていだん》からなる。どうしてこの三人なのか、まずその理由を述べなければならないだろう。

村上氏は一九八〇年から二〇〇一年までの二一年間、平野氏は一九九二年から二〇〇四年までの一二年間、そして私は一九九五年から二〇〇三年までの八年間、参議院議員を務めた。従って三人は一九九五年から二〇〇一年までの六年間、参議院議員として同時期に活動したことになる。

周知のように、村上氏は参議院自民党の幹事長、議員会長を歴任し、一時期は参議院議員としては前例のない志帥会《しすいかい》という自民党の派閥会長も務めた。野党にも及ぶその圧倒的な政治的影響力、生長の家出身で本会議での演説の際にもまず合掌して始めるなど、独特の政治スタイルから「村上天皇」「参議院の尊師」などと評された。その力を示す出来事の一つに二〇〇〇年四月、当時首相の小渕恵三が急逝した際の自民党の対応がある。世に言う「五人組の密談」である。森喜朗幹事長、亀井静香政調会長、野中広務幹事長代理、村上正邦参議院議員会長、青木幹雄官房長官の五人の政府与党首脳が赤坂プリンスホテルに集結した席で、村上氏が森幹事長に「あんたがやればいいじゃないか」と発言したことが、文字通り「鶴の一声」となって、森氏が後任首相となった。村上氏が「ＫＳＤ事件」に巻き込まれて議員を辞職して早いもので六年になるが、いまも政界に隠然たる影響力を保持している。

平野氏は、衆議院に特別職の国家公務員として採用され、国会の各種の委員会運営を裏方として支える委員部のトップである委員部長を務めるなど、文字通り議会運営の生き字引と言われる人である。同時に、園田直《すなお》衆議院副議長、前尾繁三郎衆議院議長の秘書などを歴任したことから、議会運営のため多くの国会議員に「機密費」を配るという黒衣的役割も果たすなど、国会議員になる前から議会運営や政治の裏舞台に精通してきた。その後、小沢一郎氏と行動を共にし、「小沢の知恵袋」と言われるように、政治の裏舞台、数々の修羅場でその「知恵」を駆使してきた。いまも民主党のご意見番であると同時に、多くの著書、論文を上梓《じょうし》し、テレビにも出演するなど言論界でも大活躍をしている。村上氏とは違った意味で稀有《けう》な政治家である。

私は、共産党の中央役員を罷免《ひめん》され、議員を辞職した際、マスメディアが「共産党のナンバー4」と呼んだように、政策委員長・書記局長代行を務め、政策関係や国会論戦・国会対策で指導的役割を担うとともに、予算委員会や数多くのテレビ出演など、共産党を代表して論陣を張ってきた。村上氏が「KSD事件」で国会に証人喚問された際、奇しくも共産党から尋問に立ったのは私であった。ちなみに言えば、当時、参議院自民党の議員会長であり、「村上天皇」とさえ言われた村上氏の証人喚問には、本来なら共産党参議院のベテラン議員が尋問に立つのが一つの礼儀であり、筋であったと思う。しかし、相手が村上氏であったためベテラン議員が尻込みし、結局、私にお鉢がまわってきたという経緯があった。村上氏のあとを追うかのように、私も〇三年六月参議院議員を辞職し、〇五年七月には自らの意思で共産党を離党した。その後、上梓した『日本共産党』（新潮新書）は、この種の本としては異例の一一万部を超えるベストセラーとなり、今年に入っても増刷が続いている。

村上氏は言うまでもなく保守派の政治家である。平野氏もその経歴を見ても明らかなように、村上氏とは政治的立場を異にすることもあったが根は保守派である。その意味では、政治的立場は私と両極の関係にあった。その三人がなぜ今回、鼎談し、本として世に問うことにしたのか。

最初に構想し、企画を呼びかけたのは私だった。そのきっかけとなったのは、村上氏と私の数年ぶりの出会いであった。

村上氏は、〇一年に起こった「KSD事件」に関連した「ものつくり大学」設立にからんで賄賂を受け取ったとして受託収賄罪で逮捕、起訴された。村上氏はこれをきっぱり否定している。村上氏に賄賂を贈ったとされる古関忠男元KSD財団理事長（故人）も密室での供述を覆《くつがえ》し、二審では「請託はしなかった」と明確に否定している。容疑事実を覆す新たな〝物証〟も出てきている。ちなみに村上氏が「日本経済を支えるのはものづくり」という政治的信念のもとに尽力した「ものつくり大学」は、我が国の伝統的な技術・工芸の伝承や技術基盤の発展に寄与するものとして、多くの優秀な卒業生を日本経済に輩出している。

村上氏は、東京拘置所の独房にいる時、次のような詩を詠んでいる。

天賦の才能は須《すべか》らく鍛錬すべし

師承の技術は更に魂を入れん
造化の至道謝するに余り有り
機緘《きかん》を拓《ひら》かんと是《この》学園に聚《あつ》まる
建学の創意は誇りて唱ふ可し
清廉を自負して明法を俟《ま》ち
毅然として逆境に座し慟《たゆ》まず
練達の俊匠を輩出せんと祈る

ここには、「ものつくり大学」への氏の清廉な熱情とともに、同大学の隆々たる発展のためにも誇りと名誉を回復するため、泰然として検察権力に立ち向かう不動の決意が表明されている。

それにしてもあまりにも村上氏らしいのだが、立法府にいた人間として、正義の裁きが行われるのであれば必ず無罪になるという確信、また司法に対する礼儀ということもあって、高裁判決まで公の発言を控えてきた。しかし古関証言など一顧だにしない有罪判決を受け、日本の司法を正義の立場に戻すためにも「もう黙っていてはならない」と決意し、口を開くようになった。いま村上氏は、「残された人生を、吉田松陰の顰《ひそみ》にならい、私心を捨て日本国のために燃焼し尽くしたい」という思いから、「日本再生　一滴の会」を立ち上げ、再び積極的に政治的発言をするようになっていた。

村上氏と私が再会したのは、そんな昨年秋のことであった。私も講演したことのあるシンクタンク主催の講演会に村上氏が出席し、「いまの政治のあり方、参議院のあり方」について熱い思いを語る機会があり、そこで久方ぶりに二人が邂逅《かいこう》した。

村上氏の思いは、私とも共通するものであった。私は共産党離党後、本の出版や月刊誌、週刊誌などへの拙論の掲載、テレビやラジオ出演、講演などを行っているが、肩書きはあえてつけていない。強いて言えば、在野からいまの政治に対して思いのままに発言する「素浪人」ということになろう。

もともと村上氏と私には共通項がある。二人とも若い頃から国会議員の秘書となり、その後、参議院議員になった。人生のほとんどを政治に没頭してきた。私は村上氏とはタイプは違うが、共産党政策委員長時代には、国会議員の晴れ舞台と言われる予算委員会総括質問をほとんど独占的にこなし、自分で言うのも面映《おもは》ゆいが他党からも「論客」として評価されてきた。それだけに二〇〇五年のあの郵政国会での参議院のだらしなさには、切歯《せっし》扼腕《やくわん》するものがあった。それだけではない。NHKで放映される国会の論戦を垣間見ても、緊迫感のない、国会議員としての矜持を喪失したかのような論戦、また、テレビのタレントキャスターに振り回されて媚《こび》を売る議員等々、国政の誤りなきを期した大所高所からの議論があまりにも少ない。「こんな参議院ならいらない」というのが、私の強い思いである。

村上氏はその政治スタイルや風貌から強面《こわもて》の政治家という印象が喧伝されてきた。その面も事実だが、私には議員当時、別の印象が強くあった。それは共産党など小会派に対しても差別的な対応はしないということであり、参議院の権威をどう確立するかを真剣に考えていた政治家だったということだ。私は村上氏に率直に問い掛けた。「村上さん、いまの参議院はどうなっているのか。存在意義を自ら否定している。なぜこんなことになってしまったのか。『参議院の天皇』と言われ、政権政党を支えてきた村上さんは、政治の表舞台にも裏舞台にも精通している。いまそれを明らかにすることは、新しい政治のあり方、参議院のあり方を考えるうえでも不可欠ではないのか」と。同じ思いを抱いていた村上氏の返事は打てば響くものであった。「参議院は郵政法案で自殺行為をした。二人とも参議院議員として、国民の税金で政治に携わらせてもらってきた。志半ばで議員辞職をしたが、これからはそのお返しをしようではないか」というのであった。

この思いは、平野氏も同じだった。平野氏と村上氏は、『月刊現代』(〇六年一一月号)で行った対談で、すでに共同で「参議院大改革私案」を発表している。議会制度や法律知識、政治の裏舞台に精通し、著書『亡国』(展望社)に代表されるように、今日の政治の弱体化、危機に警鐘を鳴らし続けている平野氏の参加は不可欠であった。

村上、平野、私の三人は政治的立場を異にしてきた。いまでもその違いはある。だが共通の基盤もあった。それはそれぞれが非常に個性豊かな政治家であり、政党の垣根の低い政治家であったこと。またおよそ私利私欲を持たない政治家であったことが一つである。

また私が一八歳で日本共産党に入党したのは、「誰もが幸せに生きることができる社会を作りたい」という素朴な情熱からだった。実は平野氏も若い頃、日本共産党に入党する寸前までいっていた。村上氏も若かりし頃、生まれ故郷の福岡で炭鉱での労働組合で活躍し、八幡製鐵の労働争議に思いを馳《は》せ、労働者側に立って旗を振っていた。ここにも実は共通点があったのである。一言で言えば、それは「正義感」と言えよう。

こうした三人の間に、ある種の化学反応が起こるのは必然的だった。その想いがこの一冊の本に集約されていれば幸いだ。

参議院なんかいらない／目次

第一章 国会議員は特権階級であってはならない

新清水谷宿舎建設を即刻中止せよ

筆坂　まずあまりにも多すぎる国会議員の特権問題から論じたいと思います。衆議院の新赤坂宿舎のことが大問題になっています。民間なら月数十万円は下らないという東京赤坂の一等地の超豪華マンションに九万円程度で入居できる。自民党から共産党まで、どの党の議員もここに入ってぬくぬくと暮らそうとしていたのに、マスコミで大騒ぎになり模様眺めが相次ぐというみっともない姿をさらけだしていますが。

村上　議員の特権、特別待遇は議員自らが考えなければならない問題です。しかし自らが律するのは難しい。自分の優遇を「結構です」とはなかなか言えないものです。しかし、常識というものがある。同じ立地条件の中で一般の人が借りる家賃と議員の家賃があまりに違う。ですからこの家賃問題にしても、せめて一般に比べ二〇%くらいの優遇にするとかね。通常の賃料が五〇万円だったら四〇万円で議員は借りてくださいと。国民から見ても常識の範囲内に収めないと。外国には、こんな豪華議員宿舎というようなものはないんです。

私が呆れ果て怒っているのは、参議院までもが参議院選挙前のどさくさにまぎれて衆議院の赤坂宿舎を上回る超豪華宿舎を建設しようとしていることです。それが新清水谷宿舎です。ここはホテルニューオータニの真ん前で赤坂宿舎よりもはるかに高い土地です。あとでも言おうと思いますが、大体、国会議員の数が多すぎるんですから、国会議員の定数削減をすれば、今の麴町宿舎で十分に間に合う。新宿舎建設は、即刻中止すべきです。まだ間に合います。

議員会館の建て替えだってそうです。しっかりと仕事をしようと思ったら、たしかにいまの参議院議員会館は狭い。秘書を三人置けば、もうギチギチの状態になる。そのうえ、コピー機やファックス、パソコン、書類の山で、来客と面談する場所すらない状態です。実際、議員会館が狭くて機能しないから、他に事務所を借りる人も出てくる。

議員定数を半分にすれば、一人の議員が今の二部屋分を使える。そうすればアメリカ上院並みの広い部屋になります。国会の外に事務所を借りる必要もなくなる。

平野 いや裏金を捻出するために事務所を借りる人もいますよ（笑）。

筆坂 おかしな光熱水費を計上する人もいるし、ゼネコン汚職で失脚し、自宅に金の延べ棒まで隠していた政治家のように、個人事務所で真っ昼間からマージャンしている人もいる（笑）。

村上 そういう人もいる。しかし改革ができればそんな人は淘汰されていきますよ。定数を減らせば、いろんな利点が出てくる。参議院宿舎を建て替えなくても、今の建物のままで間に合う。また議員も法律を作るうえで、充実したスタッフを置ける。しかも議員が一人減るだけで経費も大幅に少なくて済む。

筆坂　その通りです。私も最初、現在の清水谷宿舎に入っていたんです。あそこは向かって右の建物は、小さい畳の部屋が二間、部屋に風呂がなく、一階にある大浴場にみんな入っていた。左側の建物は部屋に風呂があったんですが、大浴場のほうが気持ち良いですから、利用者が多かったですね。みんな「清水谷温泉」と呼んでいましたよ。今官房長官の塩崎恭久さんも当時は参議院議員でね、よく風呂で談笑しましたよ。文字通り裸の付き合いでした。古い建物でしたが掃除も行き届いていて私は好きでした。

これを何十億円もかけて建て替えるというんでしょう。衆議院の赤坂宿舎が一戸あたり一億五〇〇〇万円の億ションだと言われていますが、新清水谷宿舎は立地条件がさらに良いので、二億五〇〇〇万円はするスーパー億ションだと言われています。

ワーキングプアだとか、格差社会などと貧困問題が深刻な時期に、こんなものを建てようという参議院議員は、それだけでも政治家失格です。

村上　まったく情けない話です。議員定数の削減や豪華宿舎の建設を中止すれば、数百億円もの無駄が省ける。今、政治が信頼を取り戻すためにも政治家自身が血を流さないと駄目です。まず即刻やるべきは議員定数の削減です。そうすれば新宿舎などそもそも必要ない。参議院選挙では、候補者に対して新宿舎の建設中止に賛成か、反対かを問うべきです。

筆坂　参議院には、清水谷宿舎から歩いて三、四分のところにもう一つ麹町宿舎がありま す。ここは一四六室あります。今の清水谷宿舎は五八室です。あわせて二〇四室です。参議院の定数は二四二ですが、東京選出議員、東京や近郊在住者も相当いますから十分足りているんです。それが新清水谷宿舎を八〇室にして、二二六人分にするというのです。間違いなく空き室が相当出るでしょう。私が宿舎に入っていた時も、一応入居はしているが、ほとんど使っていない議員、事実上家族専用に使っていた議員もいましたからね。なによりも議員定数を大幅に減らせば、現在の清水谷宿舎も不要になる。いわんや新しい宿舎などまったくいりません。浪費と無駄をなくすという政治家なら、ここにこそ真っ先に手をつけるべきです。まず「隗より始めよ」です。

旅費、滞在費、交通費は二重取り

筆坂　もう一つ重大なのは、文書通信交通滞在費です。なにしろ国会議員一人に毎月一〇〇万円、年間一二〇〇万円も支給されている。しかも非課税です。これだけだって普通のサラリーマンなら高給取りですよ。ところがまったくつかみ金で何に使おうが一切チェックされていない。領収書も不要です。

この費用は、「国会議員の歳費、旅費及び手当等に関する法律」で決められていて、「文書通信費」「旅費」「滞在費」がありますが、項目別にチェックしていくとこれらはほとんど支給する必要のないものだということがわかります。

まず「文書通信費」です。法律の第九条には、「公の書類を発送し及び公の性質を有する通信をなす等のため」とあります。しかし、文書通信費といえばほとんどが自分の国会活動報告や電話代などの類です。これを「公の書類」と言えるんでしょうか。そもそも本当に「文書通信費」に使われたかどうかだってノーチェックです。月一〇〇万円のうち、どれだけが「文書通信費」かという取り決めもありません。つかみ金ですから飲み代に使おうが、私生活に使おうが、何のチェックもありません。杜撰《ずさん》きわまりないものです。

「旅費」はどうでしょう。国会議員は、ＪＲのグリーン車がすべて無料です。私鉄、バスの無料パスも支給されています。飛行機は、地元が地方にある人は月四往復分無料です。有料はタクシーぐらいですよ。まさか関西や東北からタクシーで来る人はいないでしょう

（笑）。なぜ旅費が必要なのか。

そして「滞在費」です。滞在費の本来の趣旨は、地方から出てきた国会議員が東京に「滞在」するための費用ということです。それが東京選出の議員にも一律に出ている。また地方選出議員には、億ションやスーパー億ションと言われる宿舎が準備されている。滞在費などまったく必要がないのです。

なぜどの党も文書通信交通滞在費の全廃を掲げないのでしょう。

村上　これは最初、月額一二五円の通信費から始まったんですよ。そこにさまざまな世を欺《あざむ》くための屁理屈をつけて増やし続けてきた。その積み重ねで月額一〇〇万円にもなってしまった。

自分で汗水を流して、泥まみれになって仕事をする。その先頭になるのが国会議員のあるべき姿なんです。金にいじましく、特権にあぐらをかいているような議員は、まともな仕事などできませんよ。国会議員の特権がいろいろと批判にさらされている今こそ、大改革をすべきなんです。「鉄は熱いうちに打て」です。

筆坂　調べてみると一九四七年に「通信費」として月額一二五円から始まった。六三年に「交通」が加わって「通信交通費」になり月額一〇万円になった。七四年には「文書」が加わり「文書通信交通費」になり月額三五万円に。九三年には「滞在」が加わり月額一〇〇万円になった。お手盛り以外のなんでもない。

村上　衆参両院に自動車課というのがあって、おそらく二〇〇台近い黒塗りの乗用車が配置されている。運転手も衆参両院で約二〇〇人もいる。しかも、せいぜい平日の国会と議員宿舎の往復、「金帰火来」（金曜日に地元に帰って、火曜日の朝上京すること）の時に、東京駅や羽田空港へ送迎するぐらい。ほとんどが待機時間だ。国会閉会中など、特にそうだ。これも大変な無駄だ。

政治家は「敏感力」を磨け

村上　ところでねえ、最近驚いたことが二つあるんですよ。私は月に一度散髪に行くんですが、またいましたよ、あの人が。あの人とは反主流派の派閥の領袖でさ。支払いの時にふと、かたわらの彼の請求メモを見たら一度の散髪代金が三万円強だったんです。驚きましたね。格差というのはまさにこういうことを言うんではないかと考えさせられました。しかも月に二回散髪するらしいんですね。ですから、一カ月の散髪代が七万円弱。夕張の市民が知ったら驚きますよ。

大金持ちなら、散髪代なんてどんなに高くてもいい。テレビタレントも職業柄毎日のようにやってもいい。しかし国会議員が一度の散髪に三万円以上かけるというのは、庶民感覚からしたらいかがなものか。議員の姿勢としていかがなものかと思うんです。

筆坂 ああ、あの人ね、福岡出身の。彼の髪型は相当高等技術がいるんじゃないですか（笑）。

平野 国会議員ほど散髪にうるさい人種はいないんです。現在の自民党幹事長中川秀直の親父（義父・中川俊思）なんて、一本でも頭髪を切り間違えただけで、散髪屋を怒鳴りつけていました。昔から散髪代とそば代、そして寄席の木戸銭は同じで庶民の物価のひとつの指標だった。そこからは庶民感覚が見える。今の国会議員がいかに庶民感覚から離れているかといったエピソードですね。

村上 まったくだ。もうひとつ特権にあぐらをかいていると思ったのが、森喜朗さんですよ。あの人、今六本木ヒルズに住んでいるんだってね。堀江貴文など、IT長者と言われる連中が住んでいる超高級マンションですよ。ITが騒がれ始めた時、ITをイットと読んでいたその森さんがですよ。いったいそんな金どこから出しているのか。普通に国会議員やっておっては絶対に住めないですよ。政治家の姿勢の問題だね。

性描写の得意な小説家が『鈍感力』という妙な本を出して、小泉前首相も「政治家は鈍感力だ」などとぶっていますが、これは大間違いだ。政治家は、庶民のうめき声、思いにどれだけ敏感になれるかだ。小泉前首相は鈍感だったからこそ、深刻な社会的格差を平気でつくりながら、何の痛みも感じていないのです。政治家よ、「敏感力」を磨けと言いたい。

筆坂　まったくです。小泉氏が「鈍感力」と言っているのは、世論なんか無視しろ、国民の暮らしなんか気にするなということですから。ところで、あのなんとかタイゾーとかいう議員も新赤坂宿舎に入るそうじゃないですか。彼がマスコミで話題になってきたのは、笑い者にされた時だけでしょう。鈍感政治家以下じゃないですか。

議員歳費、秘書給与、政党助成金

筆坂　今国会議員には、歳費が年間約二二〇〇万円、さきほど指摘した文書通信交通滞在費が年間一二〇〇万円、立法調査費が一人当たり年間七八〇万円で合計四〇〇〇万円を超える金が支給されています。その他に政党助成金が一人当たり年間約四四〇〇万円出ています。ＪＲ運賃などを含めれば、国会議員一人に年間一億円使われているんですよ。ここでも定数の問題です。衆参で議員数を二〇〇人減らせば、二〇〇億円は浮く計算になる。

秘書制度も、第一秘書、第二秘書に加えて、「政策秘書」という制度が数年前に新設され、国費から給与が支給される秘書が二人から三人に増やされた。しかし、実態は一〇年間秘書をすれば事実上誰でも「政策秘書」になれ、高給が支給される。スタッフの充実は必要だと思うが、本来、政治家の秘書はみんなが政策秘書でなければならないはずであり、特別にこんな制度を作る必要はない。

村上　政策秘書などという肩書きは、公費で雇える秘書を一人増やすうえで、世の中の人を納得させるための方便として考え出したものです。あれは私がいる時に作った制度ですから間違いない。

一同　（苦笑）

平野　議員の特権を考える時、すべての特権を横並びに考えるのはよくない。必要なものと必要でないものをきちんと整理し、国際的な基準と比較して常識的なものに戻すべきです。民主党の河村たかしのように、優遇を何もかも騒ぎ立てるのではダメです。精査しなくてはならない。

基準は日本の国会議員として適切で、良い仕事ができる環境をどう作るかということでんです。秘書給与の問題も、事務所費として一括で渡して、その使い方は議員に任せたらいいんです。

筆坂　国会議員が本当に仕事をしようと思えば、秘書が二人というのは少なすぎます。ですから三人体制にしたのは良いことです。ただそれに「政策秘書」などという肩書きをつけたのは姑息でした。私も平野さんの意見に賛成です。月二〇〇万円なら二〇〇万円を議員に渡して、その中で秘書を三人雇う人もいれば五人雇う人がいてもいい。余れば国庫に返す。まあ返す人はいないと思いますけど（笑）。河村氏はあそこまで言うのなら、いっそ歳費も何もかも全部受け取り拒否したらどうなんですかねえ。

平野　欧米は実費弁償方式です。交通費もそうです。

筆坂　それはいい。上限を決めて、使途をきちんと公表させるようにすればよい。そして不都合なものは支払いを拒否する。私も平野さんが言うように、何でも削ればよいとは思わない。もっとすべてを公開して正々堂々たるものにすべきなんです。新しい宿舎ができても世論の怒りを恐れて入居することもできず右往左往している国会議員の姿なんていうのは、みっともない限りです。

平野　欧米では妻が代理で仕事をする時でも使えるようになっています。ただし実費弁償です。

筆坂　今身内を秘書にすることに批判がありますが、それは秘書給与を得るため名目だけの秘書にしている場合です。妻でも娘でも本当に仕事をするのなら、大いに使えばいい。そんなことは事務所の自治の問題です。平野さんが提案されるように、実費弁償方式、一括支給ということにすれば、身内を名目だけの秘書にすることはなくなります。

村上　テレビで東京の区議会議員が政務調査費でクッションのようなものを購入していたというので騒がれていましたが、みっともないよね。区議会議員がこういうことをするのも大もとは国会にあるんですよ。ですから国会議員が地方議員に対してもきちんと範を垂れなければならない。それがこの体たらくでしょう。社会的常識に照らしておかしな特権は切る、という思い切った改革をまず国会がすべきです。私は、年間三〇〇億円を超える政党助成金もこれで良いのか、もう一度議論し直すべきだと思いますよ。政党助成金は受け取る、企業献金も受け取るというんですから、あつかましい話です。この点では、共産党がどちらも受け取りを拒否しているのは立派だ。

筆坂　共産党を評価されたことに私がお礼を言うのはおかしいですよね。なにしろ私は、「党に敵対する転向者」と共産党から言われていますから。どうしましょう。

一同 （爆笑）

筆坂 共産党の中にも政党助成金を受け取るべきだという意見は多いんですよ。少なくない地方では、専従職員の給料の遅配が常態化しているぐらいですから。民主党もこれがなくなったら大変でしょう。

平野 最近も松岡利勝農水大臣が議員会館の光熱水費を年間六〇〇万円も計上したことが問題になっています。そもそも議員会館の光熱水費はタダで国が出していますから、この光熱費は誰が考えてもおかしい。こういった特権の悪用にはほとほと呆れます。それも農水大臣がですよ。

そもそも政治家をやって財産を残すというのがおかしいんですよ。真面目に政治家をしたらお金なんて残りません。私は一二年間、国会議員を務めましたが、その間、二回の選挙があった。二回も選挙をすれば貯金なんてありません（笑）。

村上 その通り。政治は命を懸けてやる仕事、男のロマンです。ですから辞めた後はホームレスになっても構わない。私は女房子供には「俺は俺の夢を追い求める。しかし生活に困るといけないから、あなたたちは自立して独立しなさい。私に頼るな」と言っています。私は明日倒れてもいい。

国民に奉仕できる立場を与えられていたのだから、そこに誇りを持っている。しかし自分の利害ばかり考える政治家が多いから、政治そのものが停滞する、活気がなくなる。私は誇りのためには死んでもいいと思っている。だから歳費の明細書も見たことがなければ、議員年金がいくらになるかなどとみみっちいことは考えたこともない。政治家は「奉仕即解脱《ほうしそくげだつ》」の心境にならなければね。

筆坂　私も歳費や議員年金には何の関心もなかった。というより共産党は全部党が管理していましたから、党からの給与以外、見たこともらったこともない。本当のところ国からの歳費がいくらなのか、文書通信交通滞在費がいくらなのか、実はまったく知らなかった。関心もなかった。議員を辞めてから本を書くので調べてわかった（笑）。歳費と党からの給与の差額は、党に寄付していますが、その額も知らなかった。マスコミが騒いだ時に、新聞記者から質問されて自分が自主的に寄付をしているはずなのにその額も「全然知りません」というのではまずい、というので共産党の財政部から自分の寄付額を教えてもらったものですよ（笑）。

私も村上さんと同じで、金に対する執着心がないんですよ。議員時代、党からは月五〇万円ぐらいもらっていました。歳費の半分以下でしたが、それでも共産党の中では最高額ですから文句どころか有難いことだと思っていました。かわいそうなのは安い給与で働いている秘書や勤務員でした。私も経験者ですからよく知っています。ですから昼飯や飲み代をしょっちゅう奢っていました。そしたら私が失脚した時に、ある週刊誌に「宵越しの金を持たない男」と書かれてしまった。そんなに貰ってないっていうの（笑）。今は友人やマスコミ関係者まで生活の心配をしてくれるんですが、自分が情熱を燃やせる政治の道に邁進《まいしん》することができたのですから何の悔いもありませんよ。

平野　昔の自民党の国会議員は高級官僚上がりの人も多かった。私は前尾繁三郎という衆議院議長の秘書だったことがありますが、その当時、前尾さんから「今晩時間が空いたから飲みに行こう」と誘われた。しかしその日は給料日だったので「女房に月給を預けてから行きます」と言ったら、「君は月給を女房にやっているのか」と言われましてね。何を言うのかと思ったら「ボクは一緒になってから女房に月給を渡したことがない」と言うんです。奥さんの実家が資産家で家を仕切ってるんですね。自民党にはそういう人が結構多かった。

筆坂　私も三和銀行時代から女房に給与明細を見せたことがないです。私の場合、前尾さんと違うのは、残念ながら私も妻の実家も資産家ではなかったということ。

村上　しかし逆もある。ある大物議員が一カ月に一度、必ず通帳を見てね、ニヤニヤ喜んでいたという噂を聞いたことがある。

私は計数が不得手なのに大蔵委員長をやった経歴もある（笑）。委員会で報告する時、何桁にもなるとアラビア数字が読めないので、原稿に漢数字で書いてもらっていた。

平野　いや原稿の読み仮名は大事ですよ。かつて荒船清十郎なんか自衛隊機F－12を「えふぼうじゅうに」なんて読んでいた。

筆坂　共産党でも昔、株式の上場を「じょうば」なんて読んだ人がいた。

平野　羽田孜《つとむ》も前場のことを「マエバ」と読んだよね。警察上がりの天野光晴《こうせい》も北海道の雪害の委員長報告の時に「十分な政策」と書いてある原稿を「じゅうはちかたな」なんて読むんだから。「分」は縦長の字だと「八刀となる」（笑）。

村上　元号法制化の時に元号を「ガンゴウ」とずっと言っていた総務長官がいましたよ。ガンゴウってなんだ？　田中角栄時代の総務庁長官でしたね。

平野　でもまあ、字の読み方などはどうでもいい（笑）。いざという時に判断できる政治家であれば、腹の据わった政治家ならばいいんです。

第二章 タレント議員の府

もっとも成功したタレント議員は?

筆坂　参議院といえば、タレント議員というイメージがすっかり定着してしまいました。次期参議院選にしても、タレントの誰それに出馬要請などということが話題になっていますが、これでは参議院は「良識の府」ではない。まるで「タレントの府」です。

これは七四年の田中角栄政権下でのタレント選挙以降、現在でも続いている現象ですね。

村上　田中内閣の時に、タレント選挙をやったのが最初だったが、その煽《あお》りで、私がはじめて立候補して落選した時の選挙でもあるんです。

この時、宮田輝、山口淑子、山東昭子、藤原あきなどが出てきた。彼らが出なかったら私は当選していたはずです。だから恨みがあるんです（笑）。

平野　低級な芸能人を人気だけで参議院議員にした自民党の責任は大きい。タレントといっても、後ろに胡散臭い輩がいることも多いんです。

福祉で知られる無党派議員、すでに引退しましたが、バックに笹川シンジケートがあると言われていた。タレントというだけではなれない。ちょっと怪しげなバックがついていることが多い。いずれにしても、タレント候補の支援部隊として企業をつけて選挙をやり、全国区で大量得票を挙げたんです。この選挙で「衆院のカーボンコピー」という弱体化した参議院が決定づけられましたね。

筆坂　東京都知事の石原慎太郎も小説家だし、横山ノック、西川きよし、立川談志、大橋巨泉、蓮舫、田嶋陽子、舛添要一……と挙げていったらキリがない。それにアントニオ猪木以下何人ものプロレスラー議員がいます。もう辞めてしまった人も多いですが。

もちろんタレントだからといって、議員になってはいけないなんて言うつもりはない。自分の考えをしっかり持っていて、国政に有為な人材ならばタレントだって何だっていい。しかし、現状では多くの場合、知名度を生かした票集め、数合わせに使われている。

村上　アメリカのレーガン元大統領だって映画俳優出身ですがね（笑）。三度目の当選を果たした石原都知事も元は参議院出身です。もっとも成功したタレント議員と言ってもいい。同じく知事選に立候補したドクター中松も毎度のタレント候補だ（笑）。

筆坂　ドクター中松はタレントというより、選挙に出まくる変わり者としてタレント並みの有名人になっただけでしょう。

村上　それにしても東京都知事選挙は石原慎太郎の圧勝だった。浅野史郎は石原の敵ではなかった。

筆坂　私も浅野氏はもっと切れ者かと思っていましたが、まったくの期待はずれだった。

石原さんとは器が違いすぎた。テレビ討論を見ていても、抽象的な石原批判ばかりで東京をどうしようとしているのか、何のビジョンも見えないし、情熱も伝わってこなかった。選挙が始まった直後に浅野候補の勝手連をしている知り合いから電話があって、「戦況をどう見ますか」と聞くので、「勝負にならない、石原の圧勝でしょう。テレビでも側近政治とか、私物化とか石原のチマチマした悪口ばかりで、浅野が何をするのかがさっぱり見えない」と言っておきました。

民主党は損をしましたね。道府県議会選挙では大躍進しているのに、都知事選挙で惨敗したので自民党とイーブンのような印象になっている。自民党は道府県議会選挙では惨敗ですよ。参議院選挙を考えると東京都知事選で勝ったことより、このほうが余程深刻でしょう。

平野　その通りです。

村上　菅直人氏が立つべきだった。彼が立っておれば石原知事に勝てたよ。

筆坂　彼なら勝てる可能性はありましたね。

村上　いや、可能性ではなく彼なら間違いなく勝てた。

東京マラソンの本当の発案者

平野 都知事選直前の二月に行われた「東京マラソン2007」も石原さんの選挙運動の一環です。そして同じく選挙対策と言われる東京オリンピック誘致。九九％実現しないオリンピック誘致をテーマにするなどというのは、政治的霊感商法と言われても仕方がないものです。

村上 他の候補者もだらしがなかったね。なぜ討論会でそこを突かないのか。来年北京であって、その次の次にまたアジアに来るわけがないのです。夢まぼろしの構想なんですよ。ただ石原都知事としては、三期目に出馬する大義名分が欲しかった。それが東京オリンピックなんですよ。都民を愚弄《ぐろう》しています。それなのにその対策費に莫大な金、税金を使うわけです。そんな金があるのだったら夕張に突っ込めと言いたい。夕張支援を東京都が中心になってやるぐらいのことをすべきですよ。

筆坂 石原さんはオリンピック誘致で夢を見ようと呼びかけていますが、今オリンピック誘致が夢になる時代ですかね。彼が感動したという一九六四年の東京オリンピックじゃないのですから。ワールドカップだ、オリンピックだ、メジャーリーグだ、松坂だといって多くの日本人が世界中に簡単に出かけている時代ですよ。

「東京マラソン」では、フジテレビの鈍感さに呆れましたね。なぜ中継番組に息子の石原良純を起用するんですか。石原家のイベントじゃないのですから。息子だって断るぐらいの見識を持つべきですよ。

村上　実はあのマラソンの発想のオリジナルは私だったんです。七年ほど前の話ですが、シドニーオリンピックの女子マラソンで優勝した高橋尚子選手の監督である小出義雄さんを参議院選に出そうと思ったんですよ。そこで「皇居を中心として老若男女誰でも走れる、国際ランナーをも招聘した、誰もが一日中楽しく走れるという大会、東京マラソン大会開催が小出さんの夢だと聞いている。だから参議院議員になってその夢を実現したらどうか」と口説いたんだ。小出さんは「なんでそれを知っているんだ？」と驚いていましたがね。

私と小出さん、石原都知事、中曾根弘文の四人で相談した。その時は、石原さんは「陸連の方針や警備態勢、渋滞問題等々を考慮しなければならず、現状では無理だろう」と言った。小出監督も「政治よりも世界に通用するマラソンランナーを育てるのが私の仕事です」と言って選挙に出馬することには消極的でした。そうこうしているうちに私自身がKSD事件に巻き込まれて逮捕されてしまい、あとを中曾根弘文さんに託したんです。

その構想が七年の時を経て現実化したのが今回の「東京マラソン」です。しかし今回の石原さんの「東京マラソン」への動機は不純だと思う。あっ、私の動機も不純だったか(笑)。

平野 しかし天は知っていた。「東京マラソン」当日はひどい悪天だったんだから。その「天の意思」がわからない都民が石原氏を三度都知事に選んでしまった。

筆坂 都知事選挙で石原さんは大勝しましたが、中身は四年前と違うと思います。四年前は積極的な石原支持だったが、今回は引き算で残ったのが石原さんしかいなかったということではないでしょうか。

村上 対抗馬としては菅氏が出れば勝負になっていた。

タレント議員の出世頭は本当に扇千景?

筆坂 そんな石原さんに対し双璧をなす出世頭、タレント議員といえば、引退を表明したが、堂々の参議院議長にまで上りつめた扇千景さんですね。

平野 いや、私はそれには異論がある。私自身、議員を引退してよかったと思うことは、彼女が議長になり竹中平蔵が参議院議員になり、この二人と一緒に参議院議員でいなくてすんだことです。参議院は扇議長で自殺したようなものだ。この二人と一緒なのは嫌だなあ、辞めてよかったなあと思った（笑）。

村上　私は逆に、扇さんを買っていました。自由党から分かれて保守新党ができる時、党首には野田毅《たけし》で決まっていたのですが、野田さんのような存在感のない地味な方が人数の少ない新党を作ってもアピール力がない。アピールできる人を党首にしろ、と干渉した（笑）。

筆坂　他党の党首人事に口出しするとはすごいですね。たしか小沢自由党が自自公連立から離脱しようとした時のことですね。自由党が政権離脱派と与党として残る残留派に割れた。そして政権残留派が保守新党を作った。この結果、自自公政権は、自公保政権になった。この動きには自民党の裏からの仕掛けがあったということですね。

村上　そうです。当時、小沢一郎さんと袂《たもと》を分かって小渕政権に残り、新党を作ろうという動きの中心に二階俊博さんや自由党国対委員長だった中西啓介さんがいました。当時、二階さんは運輸大臣でしたが北海道のトンネル崩落事故などで多忙をきわめていました。が、急遽、二階さん、中西さんにホテルオークラに集まってもらい、そこで党首を扇さんにするように進言しました。実は野田を党首にしようとした自民党の仕掛け人は、野中広務さんだったらしい。そこで野中さんにも「野田じゃだめだ。存在感を示すには扇だ」と言ったんだよ。

平野　扇さんと何か個人的関係があったんじゃないの？　とかく噂のあった人ですから。

村上　ないです！（笑）。でも私がそういう動きをしていることについては、扇さんは一切知らない。その時点では、扇さんは自由党を出て保守新党に行くという意思表示すらしていなかった。そこで扇さんが新党の党首になるよう私が説得することになった。そうしたら扇さんは「小沢さんを裏切ることはできない」と言う。けれど感触としてはいけると思った。それで野中さんなどとも話をして、野田さんを納得させて、扇さんの保守新党党首誕生となった。

二〇〇〇年の自公保の森喜朗連立内閣の際も、私が「連立の重みを考えるならば扇さんは党首なんだから党首は閣僚になるべきだ」と余計なことを言って（笑）、それで扇さんは国土交通大臣になり、その後、参議院議長になった。

私は〝参議院〟という意識、参議院のステータスを高めるという意識が強くあったから、参議院議員である新党の党首が閣内に入ることには意味があると思っての行動でした。

平野　参議院からは閣僚を出すべきではないという村上さんの主張と相当矛盾するね

（笑）。

村上　自己矛盾はあります。けれども私としては、参議院の存在意義を認識させたかった。ですからこうしたチャンスを生かしたいと思っておりました。しかしながら郵政問題を見ても、扇さんが議長としての機能を果たしていないというのは事実ですね。

筆坂　村上さんが扇さんを閣僚に推薦したのと、今参議院自民党の青木幹雄議員会長が「参議院枠」と称して、人選も青木さんがして二人の大臣を参議院から送り込むのとは本質的に違うと思いますよ。

青木さんの場合には、このことによって自民党参議院議員の自分への求心力・忠誠心を確保するという思惑がある。有《あ》り体《てい》に言えば、「俺に逆らったら大臣になれないよ」ということです。しかし、これは一方では、時の首相に対しては借りをつくることになります。小泉前首相は、衆議院議員を大臣にする時は、派閥の意向など完全に無視した。しかし、こと参議院議員だけは青木さんの言う通りにした。その代償として、参議院を小泉さんの意向通りにまとめるという仕事を青木さんは引き受けることになったわけです。郵政民営化に反対だったはずの青木さんが、民営化賛成で参議院自民党をまとめるために奔走したのもそのためです。その結果、参議院の存在意義を否定することになってしまったんですから。ところで、くどいようですが、私は、それでもタレント議員の代表的議員は良くも悪くも扇参議院議長だと思いますよ。

一同 (笑)

筆坂 いや、本当に扇さんでしょう。最初はキャンキャン煩《うるさ》いというイメージがあった。中村扇雀(現・坂田藤十郎)の妻で、女優としての盛りを過ぎた人だと思っていた。しかし彼女を見ていると、度胸はいいし喧嘩もできることが徐々にわかった。政治家にとって度胸がいい、喧嘩ができるというのは大事な要素です。国土交通大臣時代も立派に役をこなしていたと思います。

平野 私はやはり反対ですね。自民党政権の大臣は誰でも務まるものです、役人の機嫌をとっていればね。扇さんはその典型です。たしかにやけくその度胸もあるしヒステリックな喧嘩もできる。しかし政治家としてあるべき姿勢ではなく、夫から振られないために文化庁の利権漁りばかりしていた。そういう意味でしたたかな生き方はしていますが、自民党の悪政を代表する政治家ではあっても健全な政治家ではなかったと思います。引退されるので、これぐらいにしておきましょう。

筆坂 平野さんは、何か個人的な恨みがあるんじゃないですか(笑)。

平野　個人的な恨みではありません。政治家としての客観的な評価です。

村上　私はさきほどの小出監督の例のように、良い素質を持っているタレントに対しては積極的にアプローチします。その一人に元プロテニスプレイヤーの松岡修造さんがいます。私はことあるごとに松岡さんに対して「政治の勉強をしないか」と誘っています。ただタレントだからではなく、資質があると思うからです。

しかし、今のタレント議員のあり方は問題ありますよね。知名度はあるかもしれない。しかし参議院といえども政治の場なんだから、それなりに国のあり方や国益について国民の代表としてものの言える人を選ばなければ。

宮崎県知事になったそのまんま東は、単なるお笑い芸人ではなく、素質のある人だと思って見ています。テレビで観ているだけですが、その受け答えはなかなか的確でわかりやすい。あのくらいの人を常日頃、掘り起こしていくということが必要です。ただ彼の最近のテレビ出演は度を越している。今はマスコミの寵児になっていますが、テレビ局に振り回されていると潰されますよ。

タレント候補にしても、政党が国民に「この人どうですか？」と売る、並べるわけです。選挙で不良品を並べてはいけない。しかし名前が知られているからといって何も政治を知らない、見識もないのでは国民を冒瀆《ぼうとく》することで、失礼な話です。

田中康夫も政治家としては及第だと思う。

筆坂 松岡修造さんはテニスで世界を転戦して、苦労もしているし、視野も広いとは思う。しかし、演技だとは思いますが、キャスターを務めた水泳の世界大会などでの大騒ぎぶりを見ていると、うーん、と唸ってしまいます。今のままテレビの人をやっていればいいんじゃないですか。

タレントに身をやつす政治家たち

平野 立派な人を探して推薦したら、それがたまたまタレントだったという程度がいいんです。タレントだから選挙に出すというのはこれは間違いだと思う。その人物が政治家としてふさわしければ、タレントだろうが何だろうがいい。

しかし東国原知事に関しては、少し様子を見なくてはわからないでしょう。マスコミの異常な扱いで新しい形のファシズムになる危険性がある。

ビートたけしさんの話によると、当選直後東国原氏とたけしさんが会うという報道があったのですが、結局、実現しなかった。東国原氏は「たけしさんとのスケジュールが合わず会えなかった」と言っていましたが、たけしさんは「俺が会わないと言ったからだ」と言っていた。ですから東国原氏が、断られたことをスケジュールの都合とウソをついたことになる。その後会ったようだが、たけしさんは東国原氏をまだ要注意と見ていたんでしょうね。そもそも東国原氏は都城の出身で、都城は鹿児島・薩摩の気質なんです。日向（宮崎）の気質ではない。ですからその矛盾が出るのではという懸念もあります。

東国原知事は地方行政の技術的なことは多少勉強して知っているだろうけど、人間や政治の本質という意味では、まだ評価できない。マスコミが連日のように彼の動向を伝えることによって偽装されている部分が多い。民主政治の再生に役立つかどうか、監視する必要がある。

筆坂　たしかにテレビ報道はやり過ぎです。英雄扱いだ。まだ別に大したことをやったわけではないでしょう。これで何か少し失敗すると手のひら返すように寄ってたかって叩き始める。無責任なものですよ。

平野　ある現職プロレスラー議員の話ですが、当初自由党から出馬すると一度は話がついていた。しかしそのプロレスラーが「もっと金を出せ」と要求してきた。公認料だけでなく支度金を要求してきた。他の人よりも多くね。それで冗談じゃないと自由党が怒った。

そういうタレントもいるんです。

筆坂　なるほど、あの議員ですね（笑）。郵政民営化の時にも棄権という煮え切らない態度をとっていた。あれがタイゾーの教育係だと自称しているのですから笑わせてくれます。タイゾーもプロレスラーも国会には不要ですよ。

平野　しかし政治家もタレント化しないと当選できなくなってきています。それは参議院だけでなく、衆参両院ともね。これが恐いです。

舛添要一氏なんか元から学者というよりタレントだった。それと残念なのが自民党参議院幹事長の片山虎之助さんがタレント化していることです。

村上　タレントというのは顔じゃないんだね。どんな顔でもいいんだ（笑）。でも片山という人は本当に頭は切れる。とはいえ典型的な官僚ですが。自意識が強く、そのため周囲の人間が馬鹿に見えるのでしょう。彼の態度からは、そうした傲慢さが見受けられる。本心では、青木議員会長を小馬鹿にしているのではないかなあ、という面が垣間見える。

今焦点になっている公務員の天下り規制問題でも、渡辺喜美行革担当相を小馬鹿にしている。事を成すには「己を虚しゅうす」ということが大事だと忠告しておきたい。

筆坂　タレントに一議席を安易に寄りかかっていくというやり方は今後避けるべきだと思

います。それと政治家のタレント化もいかがなものか。テレビに出演するのは良いが、みのもんたなどタレントキャスターにおもねって、振り回されているようでは情けない。公務員の天下り問題で渡辺行革担当相や片山幹事長が「みのもんたの朝ズバッ！」（TBS）という番組によく出ていますが、二人共、出演できることに嬉々としているように見える。特に、渡辺大臣がそうだ。

　あの番組は気をつけないといけない。不二家報道では捏造疑惑が指摘されている。しかもそれをもとに、みのもんたが「不二家には廃業してもらいたい」とまで発言して大問題になっている。渋々、謝罪したようですが。もし廃業すれば従業員は路頭に迷うことになる。軽々に発言すべきことではない。それともみのもんたは高額所得者だから、路頭に迷った人たちの面倒をみるとでも言うのでしょうか。

　しかもこの時には、菅義偉《すがよしひで》総務大臣もたまたま出演していて、このVTRを見せられて「あまりにも酷すぎますよね」と発言している。関西テレビの「発掘！あるある大事典II」の捏造報道では厳しい対応をした菅総務相が、この番組では一枚噛まされてしまった。

村上　公務員の天下り規制問題で、テレビは片山幹事長を抵抗勢力、渡辺大臣を改革派として描くんです。田原総一朗の番組に出演していた渡辺大臣が、田原から片山との違いを問われて、「片山さんも政治家ですから」などと言っている。これでは、政治家自らが、政治家とはいいかげんなものだ、言うことと腹の中は違う、と言っているようなものだ。大臣たる者が政治家への不信を煽るような発言を軽々にしてはならない。もっと真摯に取り組めと言いたい。

筆坂　それとタレントで票を取れる時代ではないんですよ。基本は政党名投票ですから。現に大橋巨泉氏も舛添要一氏もかつてのタレント候補に比べれば、獲得票は微々たるものでした。巨泉氏などは一人分も取れなかった。東国原知事の場合は、彼自身が真剣に選挙に挑んでいたし、何よりもしがらみだらけの前知事が汚職で逮捕されたということがあった。単なる浮ついた無党派ブームではないんですよ。テレビや新聞は、肝心のそこを見ずに、「無党派の反乱」などと言っている。無党派だけではなく、保守の人だって反乱したんですから。

村上　マスコミ記事ではどう見ても舛添氏は郵政民営化反対だった。ところが実際蓋を開けて投票させたら真逆でしょ？　言ってることとやっていることが違う。どんな政治家なんだ、どんな学者だったのかと疑いたくもなります。

筆坂　だから信念のある政治家でも、学者でもなかったということでしょう。平野さんも言われたが、今タレントが政治家にというだけではなく、議員がタレント化している。テレビに出演すれば選挙に有利というので、バラエティ番組であろうとなんであろうと出まくって、テレビ受けするようなことばかり言うのがいる。そして現実に、こういうのが票を取る。平野さんが言われるファシズムの危険というのは、そういうことでしょう。

今年の三月、読売テレビの「たかじんのそこまで言って委員会」に出演した時のことですが、舛添さんも一緒でした。テーマの一つが、公務員の天下り規制問題でしたが、これを面白く見せるために、ヤクザ映画をもじって、片山派と渡辺派の「仁義なき戦い」として描くストーリー仕立てのビデオがまず流されたんです。これが終わった途端、出演者で落語家の桂ざこばさんが怒りだしましてね。「政治をヤクザ映画に見立てるとは何事か。政治家もなぜ文句を言わないんだ」と言うわけです。ところが舛添氏がヘラヘラしながら「そうですね」と言うもんですから、「そうですねじゃないよ」とまた怒りましてね。ざこばさんの言うのが正論ですよ。政治家のプライドを傷つけられたのですから、政治家こそが真っ先に怒るべきなんです。

平野　国会議員がテレビにばかり出て、キャスターや視聴者にヘラヘラとおもねっている姿は、醜悪です。

政治家のウソ

村上　政治というのは、もっと地道で真剣でなければならない。政治家には人気も必要だが、人気とりが政治の目標になってはならないんです。それでは本末転倒です。そして最低限のモラルがある。それは政治家はウソを言ってはならない、ということです。

平野　しかし戦後、我が国の国会議員のほとんどはどのようにウソをつこうかとそればっかり考えています。国家、国民のためと大声で言う政治家ほどロイヤリティは自分の政治的経済的資産を増やすことにある。小沢一郎さんはウソをつけないから散々苦労をしている。自分から提起し、事務所費を公表して領収書まで見せて合法性を証明しても、理解しない政治家やマスコミがいるんだから。

村上　ましてや閣僚や総理大臣だったらなおさらウソをついてはならない。

　二月一三日の衆院予算委員会で、安倍晋三首相と創価学会の池田大作名誉会長が会談したという報道に対し、国民新党の亀井静香さんがその真偽を質しました。これに対し安倍首相は「会っていない」と答弁した。

　しかし朝日や読売だけではなく各全国紙、テレビ、週刊誌も報じている。創価学会の聖教新聞までが、「会った」ことを否定する記事を掲載してはいない。ならば安倍首相が言うように「会っていない」なんてことは常識的にあり得ない。安倍首相の答弁はウソだということです。

聖教新聞が池田名誉会長についてもし間違いを報道したならば、記事に関係した人間は即刻クビです。

いやしくも総理大臣が、しかも「美しい国」なんて言っているにもかかわらず、国会の場でウソを言うのは大問題です。

筆坂　そもそも「美しい国」とはなんですか。自然環境ならわかるが、政治に「美しい」などという形容詞はありません。ただ池田名誉会長と会うのは、「美しくない」と思っているからウソをつくんでしょうね。異様ではありましたが、中国の温家宝首相などは、堂々と池田氏に会っていましたよ。

村上　私はこの質問の後、亀井静香さんに言ったのです。彼は自民党と公明党の選挙協力の問題に力点を置いて追及していましたが、これは本質問題ではない。そもそも会ったことをなぜ隠す必要があるのか。この問題の核心は一国の総理がウソをついたことの政治的責任の重さであり、ここに焦点を絞って追及すべきだったと。

私が言いたいのは、「美しい国」を作ろうとする一国の総理が国会の場でウソを言うことが、美しい国作りになるのか？ということです。総理が国会でウソをつくのに、子供たちにウソをついてはいけないと教育なんてできない。ましてや教育改革なんてできるのか。ですから「会った」「会わない」という些末な議論ではなく、国会でウソをつくという行為を指摘しなくてはいけない。

平野 おっしゃる通りなんですが、日本の政治家はウソをつくのが仕事になっている(笑)。しかし欧米では議会でウソをついたら政治家としてやっていけない。そういう規範、倫理観があるんです。

歴史的に見ると欧米では議会というものは教会から分離したものです。中世では教会が政治もやっていた。それを分離して、心の中を律するのが教会、社会を律するのが議会として発達した経緯がある。だから議会は社会的な教会なんです。

従って議会でウソをつくことは神にウソをつくということ。だから英国のジョン・プロヒューモ議員事件が起こり、ニクソンだってウソをついて大統領を辞めた。日本の政治家はウソばかりつきますが、本当は致命的な問題なのです。

筆坂 松岡農水大臣の光熱水費問題にしても、国会の場で明らかなウソを繰り返しているんです。「適正な処理をした」とね。誰が見たって適正なわけがない。こうした首相や大臣が寄り集まって教育再生などと叫んでいる。政治家の倫理再生のほうが先ですよ。

平野　衆議院には俗人が多いから無理かもしれないけれど、少なくとも改革された参議院においては、参議院議員はウソをつかない、権力側にもウソをつかせないという憲法より強い規範が必要です。さらに言えば、ウソをつかない人材を選ぶ、そういった仕組みを作らなければならない。

日本には「ウソも方便」という言葉があります。明治時代、憲法を作って議会をスタートさせる際に一番困ったのは、日本が多神教だということだった。欧米の多くはキリスト教徒だから、ウソはつけないしつかないという前提で多数決の原理が機能するわけです。しかし日本の場合、伝統的にウソをつく民族なので、それが明治国家を創った人たちの悩みだった。そこで神道、儒教、仏教などを総合して、欧米に笑われないような議会にするため、倫理観の必要性から作ったのが教育勅語です。これが近代議会を運営していくひとつの誓いでした。軍人はこうしなければいかん、官僚はこうしなければいかん、爾臣民《なんじ》はこうせよと。ですから教育勅語は、本当は政治運営の根っこの部分、倫理観を作っているものだった。中身の全部を良いものだとは思いませんが。

私たちは、小学生の頃から教育勅語を暗記させられていた。ところが、我が国の新憲法はドタバタで作ったから、国や社会に対する倫理観がない。教育勅語に匹敵するものがない。後に教育基本法を作ったけれど、新しい憲法を作るというのなら新しい時代にふさわしい価値観と倫理観のコンセンサスを作っておかなければならなかった。それを村上さんが参議院憲法調査会長の時に何度か主張したことがありましたね。

筆坂　日米関係でも、核持ち込みの密約、沖縄返還の際の密約等々、アメリカの公開された公式文書で密約の存在は明々白々になっているのに、いまだに「そんな事実はない」とシラを切るんですから、戦後の日本はウソがもっと大きくなったということですよ。せめて裁判所だけでも、このウソを見極めることができれば良いのですが、裁判所がまた平気でウソの上塗りをする。経済界だってそうですよ。この間、耐震偽装、偽装請負、食品の消費期限や賞味期限のウソ、粉飾決算などが相次いでいます。政治家の権威失墜の大きな原因も二枚舌を使うからです。日本の政治と経済社会の根本問題ですね。

第三章　参議院を殺した政治家たち

こんな参議院はいらない

筆坂　安倍内閣発足後、初の参議院選を七月に控え、マスコミは「自民党が負ければ安倍晋三首相辞任か」「政局になる」などと、大騒ぎしています。青木参議院議員会長自身が、四月二二日投票の福島、沖縄の二つの参議院補欠選挙で、「二勝すれば安倍政権は続く」などと驚くべき傲慢発言を繰り返しました。しかし、二勝しようが二敗しようが、参議院で自公が過半数という状況にはなんの変化もありません。結果は一勝一敗でしたが、要するに、二勝できなければ「安倍首相は選挙の顔にふさわしくない。だから首相の座から降りてください」ということです。今マスコミなどが騒いでいる「政局」なるものの本質は、自民党内の権力抗争にすぎないということです。

そもそも参議院選挙の結果がどうあれ、衆議院で圧倒的多数を握っているのは自民党、公明党なのですから、自民党政権が続くことには変わりありません。要するに、自民党が負けた時に、誰に責任があるとかないとか、その時に内閣改造はどうなる、安倍首相の責任はどうなる、という政局論ばかりなのです。これは参議院選挙の意義を歪めるものです。参議院選挙で論じるべきは、参議院のあり方はこれで良いのか、日本の政治のあり方はこれで良いのか、という政治の本質論ではないのでしょうか。

平野　本当に今の報道や自民党内の議論というのは、多くの問題があります。最近もテレビのある番組に出演した際、参議院選に絡めた政局ばかりが話題になったので、「参議院改革や参議院のあるべき姿を論じるべきではないか」とぶち上げた。他の出席者もみなさん同調してくれた。ところがその部分が放映ではカットされてた。マスコミの意識がこうなんです。参議院選を取り上げる興味や切り口は政局ばかり。

村上　今度の参議院選挙を、どっちが勝ったか負けたかの問題に矮小化してはなりません。そもそも内閣総理大臣の指名は、衆議院で決まるんです。したがって参議院選挙は、直接的な政権選択の選挙にはならないのです。

私は、そもそも三年ごとに半数を改選する参議院の選挙制度にこそ問題があると思う。参議院議員にはせっかく六年という任期がある。これは衆議院と違って、じっくり腰を落ち着かせ、教育や国防、外交といった国家の根幹に関わる問題と格闘するための六年なんです。

参議院の見識や良識には衆議院と違った視点が必要だ。にもかかわらず三年ごとの選挙でいつも「負けたら政局になる。大変だ」になってしまう。本来、政局とは一歩離れたところで、国益中心に立って物事を判断するのが参議院議員の責務であるにもかかわらず、選挙に照準を合わせて二枚舌、三枚舌を使うという、姑息な政治が生まれるわけです。

筆坂　そもそも参議院の憲法上の位置づけは、村上さんの言われるように衆議院と異なるわけです。衆議院は内閣不信任で内閣をクビにすることもできるし、逆に解散によって内閣からクビにされることもある。つまり、衆議院は最終的には内閣との意見の一致が予定されているわけです。しかし参議院は、内閣を不信任することもできないし、逆に解散によって内閣からクビを切られることもない。参議院は、内閣の解散権が及ばないという意味で、対内閣との関係では相対的に強い立場にあるわけです。ではなぜ、参議院は、衆議院と比べて内閣との関係で相対的な優位が保障されているかというと、政局に翻弄されることなく、国政の重要問題を長期的な視野から議論し、それを国政に生かすためです。衆議院のようにいつ解散するかわからないのでは落ち着いて重要問題を調査し、審議できない。また内閣による解散権があれば、時の内閣から強い影響を受け、ここ一番での判断が狂う危険性が強まるからです。

衆議院議員が地域と密着し、日常的に惹起する問題への対応をするのに対し、参議院議員は大所高所からの意見を期待されるわけです。

今の参議院は、この本来のあり方から大きくはずれています。

平野　この参議院の三年ごとの選挙は、憲法で決められていることです。ですから憲法を変えて選挙制度を変えるべきかという問題がひとつあります。もうひとつ、国民の代表として衆議院と並んで参議院議員も選挙で選ばれる。つまり衆議院と類似した選挙でしか選ばれない選挙制度に、参議院選が政局に関わってしまう本質がある。ですから参議院の選挙制度を憲法論として議論をしなくてはいけない。

筆坂　今の参議院、特に郵政民営化問題の際の国会を見れば、「こんな参議院が本当に必要なのか」「こんな参議院ならいらないんじゃないか」そういった国民の声が相当あると思う。参議院選挙では、自民党をはじめ各政党は、こういう声にこそ正面からこたえる論戦をすべきです。

平野　おっしゃるように「こんな参議院はいらない」という発想から現在の参議院の具体的かつ本質的な問題を三人で提示しようじゃありませんか。

筆坂　これまで何度も参議院不要論は取り沙汰されてきました。そして決定的な事件が起こった。それが郵政民営化法案をめぐる一連の経過です。

参議院を殺した郵政解散総選挙

筆坂　言葉は悪いですが、私は郵政国会で参議院は二度〝殺された〟、あるいは二度〝死んだ〟と思うんです。二〇〇五年八月、郵政民営化法案が参議院において賛成一〇八票、反対一二五票の一七票差で否決されました。本来であれば、参議院で否決された法案は、両院協議会にかけるか、あるいは衆議院に戻すという手続きになるはずです。そして衆議院で三分の二以上の賛成があれば法律となる、でなければ廃案です。ところが衆議院でも自民党から多数の造反者が出て、ギリギリ通過したに過ぎなかったわけで、とても三分の二など確保できない。そこで当時の小泉純一郎首相は大博打に出た。なんと参議院で否決されたにもかかわらず、衆議院を解散するという挙に出た。参議院の表決が無視された。これが一度目の〝殺し〟です。

村上　衆議院で賛否が明らかになって粛々と送られてくる法案以外を、我々は「荷崩れ法案」と呼んでいます。例えば与党だけの単独強行採決で送られてきた法案などがそれです。郵政民営化法案の場合には、粛々どころではない。野党がこぞって反対しただけではなく、与党である衆議院自民党の中からさえ二〇名近くの造反があった。本当はもっと多くの人が反対していた。送り主のところですでに中身は腐って荷崩れし、包装もボロボロになっていた。ここまで酷い荷崩れは今までありません。

平野　ですから郵政問題では衆議院ではなく、自由民主党を解散すべきだった。

村上　腐って荷崩れした商品を参議院でさばいてくださいと言ったって、売れるわけがないでしょう。売り主の衆議院自民党に言いたい。「こんな腐った不良品が売れますか？」と。こんな荷崩れ欠陥品はさっさと売り主に返すのが普通でしょう。審議する必要もなく、郵政法案は衆議院に返品すべき代物でした。

平野　あるいは修正するとか。

村上　しかし修正もいかん、否決もいかん、そのまま通せという法案だった。最初から参議院の審議権を実質的に奪うようなやり方を小泉さんは求めてきたんです。ところが参議院自民党執行部の青木議員会長や片山幹事長は、この荷崩れ欠陥法案の取り扱いについて、「否決しない、修正もしない、衆議院にも戻さない」という小泉さんの付けた条件をすべて呑んでしまった。彼らが唯一付けた条件は、「小泉さん、突き放したような冷たい答弁ではなく、丁寧な答弁をしてくれませんか」ということだけだった。青木議員会長はこの方針に従うよう他の自民党参議院議員にも強要した。その結果、小泉首相の中身はないが長いだけの答弁が行われることになった。この時点で、参議院自民党の執行部は小泉首相の軍門に降り、参議院の審議権を事実上放擲《ほうてき》してしまったのです。この罪は大きいです。

筆坂　その通りです。しかし、この参議院自民党執行部の強要にもかかわらず、中曽根弘文、亀井郁夫、鴻池祥肇《こうのいけよしただ》ら自民党議員の二二人が反対、八人が棄権・欠席に回ったために参議院で否決されました。ここまでは参議院は本来の機能を果たしました。しかしさきほど述べたように小泉首相は、憲法で定められた手続きをとることなく、衆議院を解散し、総選挙に持ち込みました。参議院での否決の意思が抹殺されたのです。

国民をも裏切った寝返り議員

平野　参議院が否決した郵政法案を理由に小泉首相が衆議院を解散したことが、参議院の否定だというのはその通りです。さらに言うなら、これは参議院の審議権そのものを無視したことになる。つまり小泉は、二院制という現在の日本国憲法の原理を否定したことに他ならない。

筆坂　参議院の意思が、衆議院の解散総選挙に脅かされるようでは、参議院の存在意義はない。さらに郵政選挙後の新しい国会で、造反した参議院議員が再び郵政法案に反対したならば、それでも参議院は良識を示したことになった。ところが、造反した自民党議員は、数人を除いて全員、賛成へと寝返った。再び反対したのは、自民党から国民新党に移った長谷川憲正、新党日本に移った荒井広幸の二人、棄権は亀井郁夫の一人のみ。この結果、一〇月の参議院本会議では賛成一三四票、反対一〇〇票で、郵政民営化法案は可決されてしまった。

賛成に回った寝返り組は「総選挙での民意を尊重した」などと弁明しましたが、これが参議院選での自民党公認を得るためのものであったことは明白です。真剣でも本気でもなかったということです。本気で郵政民営化を阻止しよう、解散などしてはいけないと闘う気概がなかった。自らの見識や政治判断をいとも簡単に捨て去ったのです。

これは参議院議員自らが参議院の存在意義を否定したものであり、まさに自殺行為でした。これが二度目の〝殺し〟です。

平野　国民をも裏切った寝返り議員たちは、憲法論で言うところの国民主権を無視していると言えます。平和主義、国民主権、そして基本的人権の尊重という憲法の基本三原則の国民主権侵害にあたる。

これは衆議院議員についても同様です。衆議院自民党の中にも郵政民営化に反対という立場だったからこそ、解散総選挙で支持され当選した人たちが相当数いました。にもかかわらず、総選挙後の衆議院本会議で法案は大差で可決されている。己の保身のために、簡単に選挙民の民意を裏切った議員がどれだけいることか。主権が国民にあるならば、政治家は国民の意思に従うべきだが、それとはまったく反対の行動を起こした。国民主権違反です。

参議院議員たちの中で、一旦は郵政法案に反対して国民からの支持を受けた者も、新しい国会では、基本的な修正も加えられていないにもかかわらず賛成に回った。造反の造反です。

筆坂　衆議院造反復党組は、小泉さんから「白旗を掲げてひれ伏した」と揶揄《やゆ》され、国民からも厳しい指弾を受けました。でも参議院自民党の造反組は、党から除名されることもなく、そのまま居残っています。郵政民営化法案を参議院で可決するためには数が必要で、彼らを党から追い出すことはできなかったのです。衆議院の造反組は離党に追い込まれましたが、参議院ではそのまま居残らせた。衆議院造反組を追い出したことが筋ならば、なぜ参議院の造反組も追い出さなかったのか。小泉さんのやり方に、もともと筋も、道理もないことは明白です。ところがマスコミは、このことをまったく無視して、〝岐阜の女の戦い〟ばっかり報道している。

小選挙区制のもとで派閥の力が低下した。首相をはじめとする執行部が公認権を握り、政治資金も握っている。逆らえばどうなるか。「刺客選挙」は、そのみせしめでした。これに衆議院でも参議院でも、多くの造反議員が震え上がってしまった。自民党と言えば、談論風発の気風というのが良さだったはずですが、それがなくなってしまった。参議院同様、自民党もまた小泉首相に殺されたということではないですか。

村上　私はね、小泉さんが郵政民営化でとった手法というのは、政治の分野にとどまらない否定的な影響を日本社会全体に刻印したと思いますよ。郵政改革というのは、行政の一改革にすぎない。言うならば枝葉の問題です。なのに、これに反対したというだけで刺客を差し向け、政治生命を断とうとした。彼が切り捨てた議員は、これまで自民党を強く大きくするために、共に苦労し、同じ釜の飯を食った同志ですよ。その同志に対して、まさに冷血そのもののやり方を彼は強行した。

もちろんその後、それに白旗掲げて屈服した造反議員は論外であり、政治家の資格をみずから放棄したものだとは思いますが、この一片の情もないやり方と今日のカサカサと乾いた社会、殺伐とした社会とは無縁ではない。日本には、古来、武士道精神というものがあり、その大事な眼目が弱いものに対する惻隠の情ですが、これは為政者として、いや日本人として一番大事なことです。小泉政治以後、それが日本社会から欠落してきたと私は思いますよ。

いまの日本社会を見て下さい。親子関係の崩壊による悲惨な事件の続発、いじめ・自殺、学級崩壊など、聞くに堪えないような辛い事件が相次いでいます。報道によれば、小泉さんは、離婚した時に夫人のお腹にいた男の子が大学生になって父親恋しさに京都駅での街頭演説や静養中の箱根の旅館を尋ねても玄関払いをして会おうともしなかった。人の親なら決してできないことですねえ。

筆坂　そういう報道がありました。たしか総理の時ですよね。常人にはまねができない冷たさですね。学校でも、本来、友人であるはずの仲間をいじめ、遂には自殺にまで追いやってしまうという悲しい事件が頻発していますが、命の尊厳や友人や仲間、親子の情愛を大切にする社会にしなければなりません。政治がまずその先頭に立たねば。

村上　総理自身の心の影が現象面、つまり世相に現れるんですよ。一国の指導者たる者は、見えない世界に思いを致し、自らの行動が、天に祈り、地に適うだろうかと常に思いを馳せ、政《まつりごと》にあたるべきですね。政が乱れれば、世の中が乱れる。これは自然の摂理ですよ。小泉政治というのは、「角をためて牛を殺す」というやり方だと言わざるを得ない。それだけに郵政民営化の問題を政治の問題として終わらせるのではなく、日本社会全体の問題として、国会議員にも、国民にもよく考えてもらいたい。安倍さんに申し上げたい。安倍さんは「美しい国」を標榜されていますが、我が国の国柄を壊してしまった小泉政治を是非とも検証してもらいたいですね。

平野　ネオ・ファシスト小泉さんにとって議会政治の原理はたいした問題ではないのでしょう。しかし、国民への裏切り、さらには参議院の独立性の否定という、憲法の冒瀆と言える行為で、議会政治の有り様は、もはや「小泉が悪い」という単純な個人の問題にはとどまらない次元に来ています。与野党とも現在の国会議員のほとんどが議会政治の根本がわかっていないからこんなことになる。

小泉に屈服して責任を放棄した参議院議長

村上　だから今こそ郵政解散が何だったかを参議院が大いに議論すべきなんです。単に小泉前首相の手法の問題としてではなく、参議院自身の問題としてきちんと認識せねばなりません。なぜ二院制をとっているのか。その中で参議院の役割とは何なのか。衆議院や内閣の暴走をチェックする、足らざるところを補う、そして国の進路を誤らせないというのが大きな役割です。抑制と補完という参議院設立の原点に立ち返って考える必要があります。

本来、郵政解散の時にこそ、参議院は小泉さんの前に立ちふさがるべきだった。参議院が否決したから衆議院を解散するとはどういうことなのかと。議会政治を根本から考えるチャンスでもあったんです。

しかし、小泉さんは時の勢いで衆議院を解散し、同時に国民も小泉魔術に見事にひっかかった。その後の選挙で自民党、公明党は三分の二の議席数を確保し、圧勝を収めている。憲法第五九条では、衆議院で可決された法案が参議院で否決された時、衆議院で三分の二以上の賛成で再び可決されれば、「法律となる」と規定されています。つまり参議院の表決は無意味になる、衆議院だけで法律を作ることが可能になるということです。この事態というのは、事実上二院制を機能不全にするということであり、小泉さんのやったことは、「日本の議会は一院制でいい」ということなんです。

参議院そのものの存在意義が問われようとしている時に、これに立ち向かえなかった参議院議員は、自らその責任を放棄したと言われても仕方がないものです。

平野　小泉さんは参議院否決の一〇日くらい前から、「郵政法案を参議院で否決されたなら、衆議院を解散する」と言っていたと聞いています。これに対し、否決の結果、衆議院解散をしたら憲法の原理に背くことになるといった危機感を抱いた参議院の事務局の職員もいたそうです。

私が聞いた話によれば、小泉首相の衆議院解散宣言のあと、参議院事務局が扇千景参議院議長に「こうした異常事態が起きた時には、議長であるあなたが然るべき行動を起こすべきである」とアドバイスをしているんです。しかし、扇議長は動かなかった。こういう時、見識のある議長なら小泉首相に憲法を冒瀆する暴挙をやるなら、私は議長を辞任して、国民に訴えると抗議すべきですよ。もし私が事務総長なら、「事務局の幹部全員が辞める」と言って、扇議長に小泉の動きを止めるよう提言しました。決然と立ち向かわなければならない事態のはずでした。

事前に調整できる立場にあった、いや、むしろそうした責務を負っているにもかかわらず、何も行動を起こさなかった扇千景参議院議長の責任は重い。いかに政治家としての見識がないか。

筆坂　その点は、私もまったく異論がありません。議長の仕事は、議場でただ「○○君」と言うことではない。議長本来の役割は、院の権威を保ち、議会制民主主義を守り抜くことです。であれば参議院の存在意義が否定されるか否かという、いわば参議院の生命がかかっている時に、議長が何もしないで、ただ小泉首相の解散権発動を待っているというのでは、参議院議長という存在が飾り物でしかないことの証明になってしまう。

村上　ただ参議院の議長というのは大体、自民党に支えられた順送りの議長だから、自民党の方針には抵抗できない。そういう事情があるのも事実です。

そうした事情に、わずかながらも抵抗したのが村山内閣の時に参議院議長を務めた斎藤十朗（一九九五〜二〇〇〇年）さんです。偉かった。それ以外の議長は藤田正明氏（一九八六〜八八年・中曾根／竹下両内閣）も土屋義彦氏（一九八八〜九一年・竹下／宇野内閣）もみな、おしなべて歴代議長は自民党の言いなりでした。無抵抗に言われるままに本会議開会のベルを押す。これでは本来の議長として、参議院の権威と品位を守れない。参議院の権威を失墜させてきたのが参議院議長なんです。

参議院を駄目にした元凶・青木議員会長

平野　もう一人忘れてならないのが、参議院自民党のトップである青木幹雄議員会長の責任です。青木さんは政治家として自民党的には有能でも議会政治家としては無能である。

これを指摘しないといけない。自民党、そして日本の政治がおかしくなった、その大きな責任の柱に青木という政治家がいるのは間違いない。それを国民の皆さんによく知ってもらう必要がありますね。

村上　自民党執行部は郵政民営化に反対している議員のことを反党行為だ、造反だと言った。しかし参議院が院の威信にかけて否決という結論を導き出したのであれば、たとえ自民党議員であったとしても、それ以前に参議院議員の良識として、その結果を尊重せねばなりません。参議院が否決をすれば衆議院を解散するのではなく両院協議会に持っていく、または衆議院に戻すというのが、憲法や国会法の規定です。この規定通りにきちんとやれ、と参議院は強く主張すべきだったのです。議会政治はプロセスが大事です。

参議院議員会長である青木さんは職責を賭してでも、解散を阻止すべき立場にあった。にもかかわらず、逆に、小泉首相に迎合し、解散を阻止しようとした連中を恫喝まがいのやり方で村八分にした。まさしく参議院自民党のトップとしての見識が問われる問題です。

もちろん造反組も、青木さんに断固「おかしい」と体を張って、小泉首相と談判すべきだった。しかし、そんなふうに筋を通す勇気も気概も、造反議員にはまったくなかった。「自民党など壊れればいいんだ」と威勢の良い啖呵《たんか》を切っていた議員もいたが、いざとなると自分の身がどうなるか、こんなことをやったら干される、という御身大切という保身の殻に閉じこもり、腰砕けになってしまった。

平野　そもそも、政策的には、青木さんは郵政民営化反対の立場でしょう?

筆坂　そうです。青木さんはもともと公社制維持の立場でしたから、郵政民営化には反対だったはずです。しかし、小泉人気には太刀打ちできない。そこで解散がないという参議院の強みを狡猾に利用して小泉にも譲歩を迫りつつ、民営化賛成に態度を豹変させてきた。小泉にも恩を売り、参議院議員からの求心力も保持するという戦略でしょう。

村上　そうです。青木さんは、柳沢伯夫厚労大臣の「女性は産む機械」発言にしても同様ですが、最初は「けしからん」と言っていたのに、安倍首相から電話があって懐柔され、その話の流れの中でトーンダウンしてしまった。これは権力保持のためには、自らの政治的信念など平気でかなぐり捨てる、単なる権謀術数の政治家であることをさらけだしたものです。彼のモットーは「仲良くやろうや」「円満に円満に」ですからね。

平野　話が少し戻りますが、小泉さんが二〇〇一年の四月に総理になり、その年の七月に参議院選挙があって自民党は大勝しました。この時当選した議員たちが今回の二〇〇七年参議院選で国民の審査の対象になります。

　そこで問題は、当時青木さんは抵抗勢力で、小泉首相とは対立していたわけです。ところが〇一年の選挙の公示日に、青木さんは地元選挙区の松江で街頭演説を行っています。その内容が非常に興味深いのです。
「自分（青木）と小泉とは話がついている。できる改革はやる、させてはいかん改革は私が止める。そのように小泉とは話がついている」と。

筆坂　させてはいかん改革とは郵政民営化と道路公団民営化でしょう。道路公団民営化では、道路族が猛烈に抵抗して、民営化という看板だけはつけさせたが、内実は道路公団の高速道路計画は、すべて予定通り着工するということで決着させた。道路族は「名を捨てて実を取った」わけです。小泉自身、「道路は失敗したなあ。思う通りにできなかった」（「朝日新聞」〇五年一月二一日付）と述懐している。青木さんらは、郵政でも形だけ民営化するが、特定郵便局には手をつけさせないという二匹目のドジョウを狙ったわけです。ただ彼は、鵺《ぬえ》（源頼政が紫宸殿上で射取ったという伝説上の怪獣。頭は猿、胴は狸、尾は蛇、手足は虎に、声はトラツグミに似ていたという。転じて、正体不明の人物やあいまいな態度にいう・広辞苑）のような政治家ですから、はっきり言って民営化されようが、されまいが基本的にどっちでも良い。要は参議院の憲法上の地位を悪用して、政局のキーマンでいたいということだけではないですか。

村上　鵺ねえ。

平野　青木さんの松江でのこの発言を新聞もテレビも報道していません。日刊ゲンダイが少し触れていた程度でした。私はこのことは大いに問題ありと思い、たまたま選挙期間中にNHKの討論会で一緒になった青木さんにこの発言を質しました。すると、本当だという。小泉と青木はこの時点ですでに手を組んで野党を騙すつもりだったと確信しました。

小泉のやり方はその後も複雑な展開をしていきます。郵政で言えばアメリカがガンガン言ってきたから民営化を進めたわけで、アメリカが何も言わなかったら公社で終わっているわけです。アメリカからのプレッシャーのもと、国益に反する、国を売るとんでもない改革をしてしまった。その背後には、自らの利権を守るためには、自民党政権を永久に続けなければならない、それには小泉首相に形だけの改革をさせて国民を騙すことが必要だという旧森派や青木さんたちがいて、最初から通じあっていた。その意味で、典型的な談合政治なんです。

だからもし今回（〇七年）の参議院選で自民党が敗北し、分裂して政党再編となれば、彼らの利権もなくなる。こういう状況にあるものだから、今回の選挙に際し、自民党内の矛盾を隠すために「政局だ」と騒いでいると思いますね。青木さんの参議院議長就任の話も吹っ飛んでしまいますからね。

郵政反対というウソの約束

村上　結果的に見て、郵政で青木さんのやったことは背任です。小泉の自民党総裁選の際には、自民党参議院議員たちに「小泉に郵政改革は絶対させない。だから小泉に票をまとめて参議院として支持しよう」と言って参議院自民党をまとめているんです。ところがこの有り様です。

青木さんは、自分の力不足で小泉首相にねじ伏せられたなどと言っていますが、そんなことはなかった。初めから郵政民営化法案に抵抗すると解散総選挙など政局になると騒ぎながら小泉首相と一緒に突っ走った。では、総裁選で小泉に票をまとめた時「郵政民営化はさせない、小泉には自分の言うことを聞かせる」と言った責任は一体どうするつもりなのかと問いたい。

平野　青木さんの責任は重大です。

村上　しかし当時そんな声さえ、参議院では出なかったと聞いています。

筆坂　小泉首相の勢いに呑み込まれた。

村上　ですから平野さんが今指摘した松江での演説は重大なことだと思う。青木さんは六年前からウソの約束手形を切っていたわけですからね。

平野　気軽に本音を口にできる自分の選挙区での第一声です。青木さんのパーソナリティーを語るうえで、昔の中国の宦官《かんがん》を想定するとわかりやすいと思います（笑）。

青木さんは竹下登さんの地元秘書をやって、県会議員から参議院議員になった人です。私も役人時代から竹下さんとは関係が深く、役人の立場を超えて仕事をしていました。竹下さんは分割統治をした政治家でした。お金を集めるグループと、政策や理念を吸収するグループ、さらには派閥などの雑事をやるグループ。それらを見事に分けていた。その中でお金集めをやっていたのが青木さんなんです。

彼は田舎のおとっつぁんタイプで、非常に腰が低く、誰でも丁重に扱って、そして上手にお金を集めた。その後、だんだんと自民党参議院の人材がいなくなっていく過程で、この理念も政策も正義感も何もない人がいつのまにかトップに登っていた。物事を人間と金の数でしか考えない、歴史で考えない、論理で考えない、理性で考えない人間は強い。悪い政治をする時にはね（笑）。

村上 六カ国協議を見てもよくわかります。北朝鮮という弱小国が、世界の大国を相手にしたたかに渡り合っている。ある意味見事です。弱者の強みなんです。それを北朝鮮は遺憾なく発揮していた。ある時は拗《す》ね、ある時は泣き、ある時は核で脅す。

前に筆坂さんから、参議院は憲法上、内閣との関係で解散権がないために相対的に優位な立場にあるという話がありました。それはそうなのですが、同時に、やはり第一院は衆議院なのです。首班指名、予算の議決、条約の承認など、すべて衆議院の議決が優先します。自民党の選挙ということでも、参議院議員の選挙は、衆議院議員の後援会組織にお世話になっているんですよ。ここでも弱い立場にある。ただ唯一、それでも法律案を成立させようと思えば、参議院で可決してもらわなければならない。ここが内閣や自民党執行部の弱みなんです。

青木さんは、このことを熟知している。だから何かあれば、「参議院は協力できませんよ」と言って拗ねたり、脅したりするわけです。北朝鮮とよく似ているなあと思います(笑)。

筆坂 なぜこうなったか、少し解説します。八九年の参議院選挙で自民党は大敗北を喫して、過半数を割り込みました。以来、今日まで単独過半数を割り込んだままです。ところが、この単独での過半数割れという弱さこそが、参議院自民党の強さになっていったんです。まさに弱者の強みですね。どういうことかというと、「俺たちが参議院公明党を抱きこんでやっているから法案が通るんだよ」とね。自民党だけだったら一本も法案は通らないんだと開き直っているわけです。

そういう状況が今日も続いているので、さすがの小泉さんも青木議員会長の顔色を窺《うかが》わなくてはならなかった。小泉さんは構造改革と言っていたのですから、本来なら旧竹下派の青木さんとは敵対関係にあった政治家です。本来なら対決すべきなのに、けっしてそうはならない。

参議院議員の要求を聞きながら、そのうち二つか三つは小泉首相に進言して実現する。そして七つ八つは小泉首相の言うことを聞く。こういう力関係・構図で参議院自民党を押さえる役割を果たしてきた。だから小泉さんからも頼りにされるし、参議院議員からの求心力も持ち続けることができたんです。小泉首相に物を言えるのは青木さんだ、と。しかしきちんと見れば、青木さんのやってきたことは、結局、自分の権力維持だけということではないでしょうか。

平野　補足しますとね、私は当事者だったからよくわかるんですが、青木さんが権力を持つレールは村上さんが敷いてきた。参議院が国会全体のイニシアチブをとるようになったきっかけが九四年の選挙制度改革法案です。

参議院の存在意義を示した時代もあった

平野　自民党が野に下った九四年、細川政権下で小選挙区比例代表並立制を導入する際、衆議院を通過したこの選挙制度改革法案が参議院本会議で賛成一一八票、反対一三〇票という大差で否決されました。この時の選挙制度改革法案否決こそ、憲法で定められた参議院の本来の機能が十分に発揮されたケースと言えます。参議院自民党の力がものすごく発揮されました。衆議院自民党ができなかったことを野党である参議院自民党がやったんです。その立役者が村上さんです。これは間違いない（笑）。そしてその勝ち取った力を悪用しているのが青木さんです。

村上　私は野党で予算委員会理事をやっていました。平野さんは当時新生党で与党だった。細川政権、そして「小沢一郎の知恵袋」と呼ばれていたんです。

一同　（爆笑）

筆坂　当時自民党は野党でしたから、野党でありながら与党だった社会党を抱きこんで参議院で一旦否決した。それで法案は両院協議会に持ち込まれた。

村上　この時とった行動は今でも間違えていないと胸を張って言えます。当時の参議院自民党は単独では過半数をとれませんから、法案を潰すために、当時、与党だった社会党にまで手を伸ばしました。麹町にある議員宿舎の私の隣に住んでいたのは社会党の志《し》苫《とま》裕さんでした。彼に否決を持ちかけた。

あの時、参議院自民党の幹事長は山本富雄で、議員会長は斎藤十朗でした。

筆坂　村上さんが社会党を抱き込んで、一度否決に持ち込んだんだけど、その後、村上さんは外されちゃったんですよね。

村上　そうなんですよ（笑）。当時幹事長だった森喜朗と斎藤十朗、山本富雄、自民党総裁だった河野洋平さんがそれぞれ夫人連れで椿山荘で食事会をしたんです。私抜きで、こっそりと。「今解散になったら野党・自民党は大敗する。だから両院協議会に持ち込んで、修正案を出して可決させよう」という密約がなされたんですね。山本、斎藤両氏もそれに賛成してしまったんです。

しかし、私はそんなことは知らなかったので、政治改革法案推進派で両院協議会の座長だった公明党の市川雄一さんと取っ組み合いまでやったんです。両院協議会委員の辞職願も提出しました。

国会最終日に会期切れを狙って牛歩で時間を稼ごうと山本幹事長にもちかけたが、どうも様子がおかしい。考え込んで動こうとしない。思わず机の上に置いてあったおしぼりを彼の顔めがけて投げつけました。「ここまできて、なんなんだ」と。そうしたら斎藤さんが「村上さん、ここで勝負は終わったんだ。参議院はここまででいいんだ」って、土下座せんばかりに謝ってきました。

平野 実は、私はあの時、細川政権下でシナリオを書いた側にいました。新生党代表幹事の小沢一郎から「細川と極秘に会って腹を聞いてこい」と言われまして、細川さんからは「すべて任せる」という言質《げんち》を取り、「両院協議会を開かずに衆議院で再議決の手続きをとって、再議決が否決になったら解散する」と言って自民党を揺さぶったんです。すると自民党のほうから「それでは困る。両院協議会で決着する、というシナリオに変えてくれ」との要望が来た。

村上 平野さん側の戦略が小沢さんから当時自民党幹事長だった森さんに伝えられて、「解散になったら自民党はバラバラになる」と危惧した森が慌てて参議院を説得したんでしょう。

平野　結局、最終的に出来上がった小選挙区比例代表並立制は、当初細川内閣が考えた内容とまったく違ったものになっていました。つまり自民党にとって美味しい小選挙区比例代表制になっていたのです。しかし、自民党であるにもかかわらず制度としてよくないと法案に反対した村上さんと、当時、新生党だった私は敵同士でしたが、立派に闘ったと思います。本来の憲法で想定している両院の関係はこうあるべきです。

筆坂　この一件以来、衆議院自民党は参議院自民党に頭が上がらなくなりましたね。それにそれまでは自民党執行部というのは、幹事長、政調会長、総務会長、参議院議員会長の四役だったのが、この政治改革法案の一件を機に参議院幹事長も加わるようになり、四役が五役になった。

村上　参議院幹事長にもSPがつくようになった（笑）。ステイタスを上げたわけだよ。

筆坂　その後、村上さんは幹事長、議員会長となって「参議院の天皇」とまで称され、自民党内での参議院の発言力アップに大きく貢献する。二〇〇一年に例のKSD事件が起き、失脚すると、当時幹事長だった青木さんが、村上さんの議員会長の後を継いだ。

平野　村上さんと青木さんには大きく違うところがある。村上さんは物事に対する〝情〟があるんです。その情でもって「村上天皇」になり、そして情でもって滅びていくわけです。

村上 まだ滅びてないよ～（笑）。

平野 とにかく議員を辞めていった（笑）。青木さんはむしろ村上さんを排除したんじゃないですか？ 政治家は筋を通すこと、出処進退が大事です。郵政国会の顚末《てんまつ》を見れば、青木さんこそ責任を取って辞めるべきだった。

なぜ「村上天皇」と呼ばれたか

筆坂 村上さんが「村上天皇」と言われていた頃、党派を超えて参議院の力を引き上げることに非常に努力されていました。共産党だからといって差別はしなかった。共産党の国対（国会対策委員会）で政府と与党自民党の追及の相談をしている時に、「おはようっす」とか言っていきなり入ってきて驚かされたことが何度もありましたよ。

村上 党派を超えて、ね。共産党と村上は犬猿の仲と言われたけど（笑）。でも私は朝、院内に入ると共産党の控え室から「おはようございます」と回るんだ。会議をやっていれば「入れてくれ」と（笑）。毎日の日課だった。最初に共産党、社会党、公明党と各党国対の部屋を回り、最後に自民党国会対策委員会の部屋に帰るという具合だった。

筆坂　党による差別は一切しなかったですね。こんなこともありました。私は、首相の演説に対する本会議代表質問は一回しかやったことがないんですよ。本会議は、一方的に演説するだけで面白くないので、予算委員会総括質問ばっかりやってましたから。ただこのたった一回の本会議質問をした翌日、村上さんが共産党のベテラン議員の一人に、「本会議質問は、ああいう大所高所からでなければならない」とほめていたというんです。私は、ほめられたからではなく、「ああ、村上さんというのは、物事を素直に見る人なんだなあ」と思い、強く印象に残りました。こうして一緒に本を出版することになったのも、そうした印象が遠因になったのだと思います。

平野　村上さんという人は、自分を超え、党を超えて、参議院をどうするか、国をどうするかという発想の人なんです。ですから村上さんと私は喧嘩をすると同時に党派を超えて相談しあった。議員会館で半日もかけてね。

村上　談合ではないんですよ。

平野　オウム事件を契機にして自社さ連立政権の村山内閣が、九五年に宗教法人法改正を提起します。内容の一つは、宗教法人に財産目録等を国に提出させるようにすることでした。これは創価学会にとっては嫌なことでした。こうすることによって創価学会に対して、小沢一郎とくっついていたらもっといじめるぞと圧力をかけたわけです。この時にもよく言うことをきいてくれましたよ、最終的には。

村上 (笑)

筆坂 当時は自社さ連立政権下で創価学会名誉会長の池田大作を喚問しようとしていました。結局これは実現せずに、秋谷栄之助会長が国会で参考人招致されたんですね。当時自民党は与党でしたが、その自民党が〝反創価学会〟をやった。「池田大作の証人喚問をしろ」と。ですから自民党参議院議員会長だった村上さんと、喚問阻止の平成会(新進党と公明党の統一会派)だった平野さんはいわば敵同士でした(笑)。

参議院での審議は平成会が欠席するスタートでした。そして宗教特別委員会の理事懇談会が行われている部屋を平成会や参議院新進党議員、秘書たちが取り巻いてそれを阻止しようとした。いわゆる〝ピケ〟を張るなど大混乱に陥った。

平野 佐々木満委員長を参議院議員会館の委員長室に閉じ込めてね。警官隊導入の議長の指揮権は国会議事堂の中、つまり院内しか発動できない。議員会館は議事堂の外、つまり院外ですから、麴町警察署の判断でしか警官隊を出動させることはできない。それをやれば世論は反発して、法案を潰せる、という作戦だった。

村上　悪知恵が働くなあ。私は議員会館に委員長がいれば、委員会が招集できると思った。ところが参議院会館の部屋の廊下まで衆参の公明党、新進党議員、秘書、職員が占拠している。それで委員長を引っ張り出すのに凄い苦労した。だって委員長は声はかすれ、体は硬直して動けない。足がガタガタ震えてるんだから（笑）。

平野　佐々木さんには重荷だったんですよ。

村上　私は委員長が包囲されていると聞いてすぐに単身乗り込んでいった。でも部屋の周りには公明党や新進党議員が大勢いて中に入れない。そこで「どけどけ」と声で威嚇しながらピケを突破していったんですが、足は蹴られる、金玉まで蹴られる、どこから手や足が出てるかわからない。そうしながら委員長を救出に行った。だが当の委員長は石像大仏のように硬直しちゃっているでしょう。あの時は困ったよ。

筆坂　結局、佐々木委員長は体調不良で辞任。倉田寛之さんと交代した。

平野　そうしておいて池田名誉会長を国会に呼ばないという合意書を村上さんと作って、各党が合意してくれた。その時困ったことが起こった。私が書いた字は皆が知っていますから、合意書は絶対にワープロ打ちの文書にしてくれと村上さんに頼んだ。わかった、と言ったので安心していると私の手書きのまま村上さんが出してしまった。それで後で与野党に「お前と村上さんの芝居だったんじゃないか」と責められました（笑）。

村上　あれはねえ事務局にワープロで打てと言ったのに、時間がないからとそのまま出してしまったんですよ。申し訳ないけど、もう手遅れだよ（笑）。

筆坂　私もあの時の委員会で質問したんです。狭い委員会室に公明党、新進党の議員、秘書がわんさと駆けつけ、やじり倒すんですから大変でしたよ。宗教法人を管轄する文化庁の役人や大臣も後で公明党や創価学会に攻撃されたら困るので、みんなびびってるんです。私も若かったから「何びくびくしているんだよ」などと答弁者を〝脅し〟ながら質問しましたよ。

平野　あの時は今と違って公明党—創価学会と、新進党だった私の関係はよかった（笑）。

筆坂　蜜月の時代だよね。

村上　そんな経緯があるにもかかわらず、昨年の聖教新聞の秋谷前会長、原田現会長ら幹部座談会で、「村上正邦は池田会長を喚問喚問と先頭を切ってた」「だから必ず滅びる」とまで書かれたんです。

平野　いや、創価学会は村上さんを批判できる筋合いはありません。最後は合意の努力を私と二人でしたんです。それは違いますね。

村上　まだある。「村上はＫＳＤ問題で国会で証人喚問され」「実刑まで打たれてる、まさしく天罰が下った」なんて書かれていた。

平野　逆ですよね。あの時、村上さんが妥協しなかったら大変なことになっていた。

筆坂　創価学会から見たら大恩人ですよね。それにしても「村上天皇」と呼ばれたわけだ。

村上　公明党という宗教政党の役割は、本来政界という泥沼に咲く蓮の花の役割であるはず。つまり政界を浄化するのが宗教政党の役目だ。

現在の公明党は、政権中枢に取り込まれ、本来の果たすべき使命から逸脱を始めている。自民党も、小選挙区制における公明票が麻薬のような作用をして、公明党に群がるという、病にかかってしまっている。

泥沼の泥に同化するのではなく、公明党は宗教政党の原点に返って、健全な政界浄化の政党に戻るべきだ。

いざとなれば与野党で協力

平野　細川護熙内閣で政治改革ができたのも、実は村上さんの力が大きかった。九三年一二月、会期延長と補正予算審議でもめていた。細川内閣はもともと政治改革法案を成立させることが最大の責務として誕生した政権でした。ですから、この国会で政治改革法案（小選挙区比例代表並立制や政党助成法）を成立させないと、政権そのものがもたなくなる。そのためには会期延長が不可欠でした。ところが当時、野党自民党の予算委員会筆頭理事だった村上さんはこの法案に反対でしたから、なんとしても衆議院本会議で会期延長の議決をさせないようにするため、法制局幹部に知恵を絞らせたんです。その結果、総理や国務大臣は委員会から出席を求められた時は、「出席しなければならない」という規定が憲法第六三条にあることを使って、衆議院議員である大臣を予算委員会に釘付けにできるという論理を法制局に捻り出させ、それを盾に抵抗したわけです。

当然、困った細川首相はなんとかしてくれと私に言ってくる。私は、法制局部長を叱りつけて、国会の活動期間を決める会期延長に優先権がある。国会には憲法の条文より大事な原理があるんだと。それを村上さんは理解してくれた。このおかげで会期延長ができ、自民党に有利な大幅修正になりましたが、ともかくも政治改革法案を成立させることができたんです。

自社さ政権だった九七年、在沖縄米軍の土地借用期限延長のための米軍用地特措法の時も、野中広務と社民党が反対だと言い出した。土地収用法の収用委員会制度を形骸化しかねないなど多くの問題がありましたから。しかしそれでは米軍用地特措法が通らない事態になる。そこで、村上さんが新進党の保守系の議員とコンタクトを取って、法案を通そうとした。社民党と一緒になっている自民党を分断して、政党再編で本当の健全な保守党を作らなければいけないと。しかし、よくもまあ（笑）やりましたね、これも村上さんのペースだった。

筆坂　村上さんがもし郵政のとき現職でいたら、局面は変わっていたと思います。簡単に衆議院解散はさせていないでしょう。あんな荷崩れ法案をこのまま通すわけにはいかない。包装し直せと突き返したでしょうね。

村上　小泉は参議院の審議権を剝奪したんです。こんな馬鹿なことを許すわけにはいきません。

筆坂　しかしこの郵政否決の時も村上さんが裏で動いたという話もありますね。

村上　あれは違うんです。あの郵政否決の当日、赤坂の料亭「外松」で亀井静香さんと会うというのは前から決まっていたんです。彼は、私と定期的に食事をして激励してくれていたんです。その日がたまたま重なっただけなんです。ところが「外松」の周辺にはマスコミがいっぱいいる。しかもマスコミの連中が「志帥会の人たちが集まっています」と言うんだ。しかし私は亀井さんと会うために来たまでで関係ないと、料亭の中に入って席に着くと、亀井さんから「参議院の連中が別室に集まって、気勢をあげているからちょっと顔出してよ」と言われた。しかし、「参議院の郵政造反組が気勢をあげているところに私が行って激励などすれば、皆さんに迷惑をかけるだけだよ」と言って、断ったんです。三〇分くらい亀井さんと飯を食って、帰ってきたら、その日、参議院の連中に反対しろと私がそそのかした、ということになっていた。でも、そんな事実はないんです。

平野　しかし村上天皇の指示で郵政法案を否決したという話が出るのは無理もないことです。こうした話が出るのは、ここ最近の自民党に、もちろん衆議院議員も含めてですが、しっかりとした政治家がいない証拠でもある。

筆坂　郵政法案はまさに参議院にとって決定的な時でした。決定的な時に青木さんは参議院を売った。

平野　私が現職だったら院内の閣議室の前で三島由紀夫のように割腹したかもしれません。政治家が生命を懸けて止めるべきことです。私たち三人が現職の議員だったら、郵政民営化法案を絶対阻止できたのに……。しかし私たちは議員ではなかった。その責任は大きい。

村上　まったくです。私は参議院議員になった時から、どこで命を投げ出すか、どこを死に場所にするかを考えていました。ＫＳＤ事件に巻き込まれて東京拘置所にいる時には、どうせ散るならパッと咲いて、パッと散るか、ということを真剣に考えもしました。

しかし、やはりそれは違う。私は請託を受けたことも、賄賂を受け取ったこともない。であるなら生きて生き抜いて裁判を通じてその真相を明らかにし、法の正義を実現する、それが立法府にいた人間の責任だと考えるようになりました。死ぬ覚悟はいつでもできていますが、今の憂うべき政治の現状を見るとまだまだ死ぬわけにはいかないのです。

第四章　参議院改革の歴史

白洲次郎の先見の明

平野　小泉の暴挙、そして参議院改革について考える場合、参議院の歴史を辿ることが大切だと思います。政局から離れ、独自性を保つという参議院の位置を取り戻す改革の動きと、それが潰されていく——郵政法案の一連の出来事はまさにそうですが——歴史です。

戦前は天皇中心の旧憲法の中で藩閥と官僚が貴族院議員になった。彼らが衆議院でせっかく育ち始めた政党政治を潰して戦争体制を作ったという経緯があります。

そして戦後の新憲法下において参議院ができるわけですが、当初GHQ（連合国軍最高司令官総司令部）は一院制にする意向でした。貴族院という存在が戦前、軍部と結びついて戦争を起こしたという、貴族院＝参議院に対する懸念がGHQにはありましたからね。

筆坂　たしかにアメリカ側には貴族院への強い猜疑《さいぎ》がありましたね。しかし、日本は二院制に固執した。

平野　GHQは二院制の条件として、参議院に対し民主的な国家運営に寄与することを要求しました。幅広く見識ある議員を選ぶため選挙制度も全国区にしたんです。

村上　二院制には白洲次郎も反対しました。だから白洲は新憲法を作る時、「参議院からは大臣を出さない」「予算には介入しない」という条件を付けた。戦後の二院制の誕生の際には、こうした議論がされていた。白洲には今日の「参議院無用論」が出ることを見越した先見の明があったんです。

平野　ただ、なぜ日本が二院制にこだわるかは、実はつめた議論ができていませんでした。というのも憲法制定までの時間があまりに短かったからです。この新憲法制定に関する一番の問題は、天皇制をどうするかでしたから。そちらの議論ばかりやって参議院の位置付けは本腰を入れてきちんとやってない。

その後、選挙制度の議論の中で二院制に関する議論をしますが、当時は民主主義、民主主義と言われた時代ですから、戦前のようにはならないだろうという人間に対する楽観論が前提にありました。東大の総長や旧貴族院の連中、憲法学者の間で交わされたのは、世界の両院制の比較についての論議ばかりで、二院制の本質をつく十分な議論とはほど遠かった。

けれども、実際、戦後一〇年間の参議院は非常によかった。本来の機能を発揮した。参議院の無所属議員の中で、作家の山本有三、元文部大臣の田中耕太郎、元外務大臣の佐藤尚武などは「緑風会」という会派を作り、「右にも偏せず左にも傾かない」という良識を示し得たのです。

まだあった参議院議員の見識

平野　ところが次第に、参議院は財界や労働組合の利権の代表と化し、日本の進歩に抵抗する存在に落ちぶれていった。

一九五五年（昭和三〇年）にいわゆる五五年体制が確立する。自民党、社会党がそれぞれ合同して——共産党はその頃レッドパージで議員数は少なかったけれど——そのもとで、経済発展の過程における一種のパイの配分が行われた。野党第一党の社会党は表面では自民党にケチをつけて闘うが、実際のところ、政権を取る気はない。むしろ人に見えない裏側で、テーブルの下から手を出して自民党におねだりする、それが五五年体制です。

参議院はそうした体制で政治がもっともスムースに運営していくためのシステムに変えられていったのです。

筆坂　そういうことですね。高度経済成長が続いていたからこそ可能だったのが五五年体制です。

平野　国民もそうした政治を望みました。業界と労組の談合機関に参議院は堕落していく。

筆坂　ケチをつけはするが、絶対に政権を取らない野党がいて、時々おこぼれをもらう。これは労働運動に関しても同じ構図だったと言えます。

参議院が政党化し、政党の都合で参議院運営が壟断《ろうだん》されていくようになるのは、六二年から三期九年間という長期にわたり、参議院議長を務めた重宗雄三の時代からではないでしょうか。

〝重宗体制〟とは、特に佐藤栄作政権下において、重宗議長の個人的権勢が非常に強まった時代です。しかもそれは佐藤政権と距離を置くのではなく、参議院を佐藤政権の最大の協力者としたところに特徴がある。ですから重宗個人の権勢はあっても、参議院の権威があったわけではありません。

平野　私は当時の衆議院副議長だった園田直の秘書を六五年から二年間務めました。衆議院副議長であってもさらにポストは欲しいから、園田さんも〝重宗詣で〟をよくやっていた。それほどの力を持っていました。園田さんは「佐藤総理によろしく取り計らってくれ」と重宗さんにお願いをしていた。

村上　私はかつて玉置和郎という参議院議員の秘書を務めていましたが、それも〝重宗体制〟下の六六年です。

「参議院を制すものは天下を制す」という言葉がありますが、これは当時の佐藤総理と重宗議長の関係を表しただけで、けっして一般論ではない。佐藤総理は重宗議長が作った閣僚名簿を無条件に受け入れたと言われたほどですからね。

これは参議院改革の議論のひとつの提唱にもなると思いますが、玉置さんの偉いところは、〈参議院にいる間は大臣にならない〉と言って、それを実践したことです。

玉置は重宗議長に重宝されていた。重宗議長も全国区ですから選挙の時には、玉置は自分の選挙母体に重宗議長を推薦させた。そんな関係からか玉置は重宗さんから「お礼に大臣にしてやる」と言われた。しかし玉置は「参議院にいる間は大臣は結構です。自民党総務会に置いてください。生涯総務で結構です」と言った。私は「支持者はみな先生が大臣になることを喜びますよ」と進言しました。しかし玉置は「そうだろうな。でも大臣になりたかったら衆議院に回るよ。大臣を出すということは参議院のあるべき姿ではない」と言いました。えらい人だなと感心したことを鮮明に覚えています。

参議院議長が絶大な権力を持って政局に関わることに抵抗感を持っていた議員もいましたが、まだ少数であり、その動きが顕在化するに至りませんでした。

角栄下の参議院

筆坂　重宗体制への抵抗感や疑問から立ち上がったのが河野謙三、新谷寅三郎、鍋島直紹ら「桜会」の自民党議員ですよね。彼らが野党をも巻き込んで、四選を狙った重宗体制の継続を阻止した。特に河野謙三は七一年に「河野書簡」と呼ばれる手紙をすべての参議院議員に送った。これは「参議院議員が閣僚や政務次官に就任することは自粛すべき」という参議院改革案でした。これで重宗は四選を諦めた。

平野　それから誕生したのが河野議長体制だった。河野さんは「参議院改革」を掲げ、有名な「七三の構え」という言葉を示しました。説明しますと、参議院議長は七割が野党で三割が与党の割合で、野党寄りの姿勢を持つ、という理論です。これは参議院に対する政権の政治利用を脱するためのものです。

そして、前尾繁三郎衆議院議長、河野参議院議長の体制は当時の総理だった田中角栄も意見をさしはさめないほどの公正な国会運営をもたらした。少なくとも外見上は、国会の権威が高まったのです。

ただそのバックにはもっとドロドロしたものがあったことも事実です。というのも重宗体制の継続を阻止した「桜会」に、田中角栄が資金を提供していたという事実があったからです。ですから河野議長誕生は田中角栄が画策したと言えます。その裏の思惑としては、田中自身の総理の椅子があった。これを実現するために佐藤―重宗体制を抑える必要があったんです。

河野議長の存在は、田中角栄にとっては権力闘争のコマだったわけですね。それでは河野の掲げた参議院改革は遂行できるはずはない。

村上　角栄さんの側近は、党の公認や金とポストをちらつかせて議論を封印するという支配体制を敷いていった。角栄さん自身にも覇権の権化のような威圧感があった。

平野　河野参議院議長が提唱した「七三の構え」に対して、参議院を骨抜きにする意図もあったのでしょう。そして七〇年代初めに、衆参両院の議長の間で、一院制や選挙制度を巡る憲法論争が起こりました。しかし、この時の論争は参議院の選挙制度の改革には至りませんでした。

第五章

「村上天皇」体制とその変質

政治改革法案が参議院自民党を強くした

筆坂　参議院自民党の存在感が急速に高まったのが小選挙区制導入の議論、つまり政治改革の問題が俎上にのぼってからでしょう。当時、政治改革というと衆議院への小選挙区制の導入と政党助成金制度の導入のことでした。これに賛成する勢力を改革派、反対する勢力を守旧派と呼んだものです。選挙制度を大きく変え、政党助成金制度まで導入するわけですからある種の政治改革には違いはありませんが、果たして妥当な改革なのかということでは、私などは大きな疑問がありました。だってもともとはリクルート事件や金丸信元自民党副総裁らのゼネコン汚職などへの批判が背景にあったのですから。政治改革というなら、企業献金禁止や参議院改革も俎上にのせるべきでした。

平野　八九年の海部内閣の時ですね。私はこの時、衆議院事務局の現場責任者でした。時の自民党幹事長は小沢一郎。後藤田正晴さんが選挙制度調査会長だった。私は「参議院の選挙制度改革にも踏み込むべきだ」という意見を出したのですが、結局、衆議院選の問題だけが議題にのぼり、参議院の問題には至りませんでした。

筆坂　海部政権、宮澤政権は、小選挙区制導入を中心とした政治改革関連法案を成立させることができなかったため退陣に追い込まれます。その後、九三年に細川連立政権が誕生し、やっと小選挙区比例代表並立制、政党助成金制度が成立することになる。ただ大変な難産だった。この法案は、衆議院で可決されたが、参議院本会議では一二票差で否決されてしまう。村上さんが連立与党側、特に社会党に働きかけ、造反者を出した結果でした。しかし最終的には、土井たか子衆議院議長のあっせんで細川首相と河野洋平自民党総裁が会談し、小選挙区三〇〇、比例代表は全国を一一ブロックに分け二〇〇とする修正に合意した。もともとの与党案は小選挙区二五〇、比例代表は全国一ブロックの二五〇だった。それが衆議院での修正で小選挙区二七四、比例代表は全国一ブロックの二二六でしたから大幅な修正でした。そして九四年一月に成立することになる。小選挙区に強い自民党に有利な修正だった。

村上 今日の政党不信という政治の弊害の原因は、この選挙制度改革にあると、今でも確信しています。比例代表並立制は「小選挙区で落選しても、比例で復活できる」というおかしな仕組みです。小選挙区で落選した議員の失業対策になっている。もともと自民党には反対論が根強かった。小泉さんなどその先陣を切っていた。しかし、小選挙区で敗れても比例で復活できるという甘言に自民党は屈したんです。

平野 あれは両院協議会で自民党の主張を細川首相が丸呑みしたからいかんのです。これは改正しないといけない。

村上　出来レースだったからね。そうした実態を知っているからこそ私は反対したんだがね。

筆坂　でもこの一件を機に参議院自民党の自民党内での発言力が増していく。参議院がいったん否決したことが、衆議院自民党に有利な選挙制度へと修正させる原動力になったのですから。先ほど話に出ましたが、参議院幹事長の格がぐんと上がり、自民党執行部に加わることになり、それまで自民党四役だったのが、参議院幹事長も加わって五役体制になった。

史上初めて参議院議員が派閥会長に

筆坂　もうひとつ、参議院の力が増した結果、発足当時第四派閥だった小渕派が参議院での数の力を背景に第一派閥にのし上がっていきました。その中心にいたのが参議院小渕派の青木幹雄会長です。さらに、旧渡辺派（中曾根派）から山崎派が分裂していく中で、この派閥の会長に村上さんが就任する。参議院議員が派閥の会長に就くのはこれが初めてだったんですね。

村上　そうです。自民党の中曾根派―政科研（政策科学研究所）という派閥です。参議院議員であって、派閥の会長になったのは私だけなんですが、そこに私の自己矛盾があり、内心忸怩《じくじ》たるものがあったんです。派閥の会長をやるというのは権力闘争の真っ只中に飛び込んでいくことですからね。この経緯を説明しておきたい。

九八年に、山崎拓さんが自分の派閥を作るために政科研を抜けた。しかも衆議院の中堅・若手をごっそり抜いていった。政科研に残ったのはベテラン議員を中心に十二、三名だった。私は同年七月の参議院選で自民党敗北の責任を取って参議院自民党の幹事長を辞任して、党および参議院の役職をすべて辞めて無役でしたが、参議院政科研の会長として参議院はその影響下にあったので、山崎派に行く連中はほとんどいなかった。

実は、参議院幹事長には従来から議員会長へのレールが敷かれていたんですが、私は参議院幹事長を辞め、議員会長への推挙は受けないと決断していました。

私は副幹事長の青木幹雄さんに後事を託した。それまで副幹事長として私をよく補佐し、私と野中広務さんの喧嘩の仲裁や衆議院との調整、参議院議員間の融和に力を尽くしてくれた。その力量からして彼が幹事長として適任だと考えたのです。議員会長には当時参議院予算委員長で私と同期だった井上裕《ゆたか》さんではどうかと、青木さんに相談した。私は「参議院選敗北の責任を取り一年は喪に服すが、その後は議員会長として党務に復帰したい」と言い、青木さんはこれを了承して、私は野に下ったわけだ。

そうしたタイミングの時に、山崎さんが近未来政治研究会という自分の派閥を作るため政科研を抜けるという事態になったわけです。山崎さんにごっそり中堅・若手を引き抜かれては派閥の体をなさないと、伊吹文明さんや与謝野馨さんが私に相談に来ました。私は両氏に「政科研は解散してもいいのではないか」と言った。もともと私は派閥解消論者ですからね。いや派閥だけでなく党派の垣根ももっと低くしろと言っていたくらいですから。

ところが伊吹、与謝野両氏は、「二十数名を擁する参議院政科研に残ってもらわないと派閥が維持できない」と言い、こともあろうに私に会長を頼みたいと言うのです。しかし、私は「参議院は良識の府だから、派閥の会長なんてなりません」と固辞し続けた。私から見れば、「派閥なんていう生簀《いけす》の中で泳ぐのは邪道だ、いい機会だから解消しろ」ということですよ。

しかし中曾根先生の伝統ある派閥を解消するのはどうか、と二人に言われた。中曾根先生の話を持ち出されると弱い（笑）。また、今の憂慮すべき政治の現状を見た時、中曾根先生の志を生かすべきだと考えた。まして政科研は総理総裁を輩出した派閥であって、これを維持することは必要だと考えたわけです。

そこで御大将（中曾根）を訪ねた。私は「中曾根先生の憲法改正の崇高な政治理念を受け継ぐということは必要だと思っています」と、派閥を維持することには同意した。しかし、私は「『良識の府』と言われる参議院の一員という立場、良識から判断して、やはり派閥の会長を受けることには躊躇します」と答えた。すると中曾根さんは、「あなたくらいの良識で派閥はちょうどいいんだ」と言われましてね。たしかに、「高いつもりで低いのが教養」「深いつもりで浅いのが知識」などと言われるように、人間というのはつもり違いをしやすいものです。つもり違いをしないようにと自戒しつつ、結局、政科研の会長を引き受けることになりました。

私は当時も今も派閥解消論者であることに、変わりはありません。だから私は中曾根先生に、「今引き受けたとしても、いずれ派閥を解散するかもしれません」と言うと、中曾根先生は「あなたが会長なんだから、煮て食おうと焼いて食おうと決断するのはあなただ。国のために派閥は必要ない、解消すべきだと判断した時には、解消してもいい」と言われた。

こうして政科研会長を引き受けた。

筆坂　政科研会長を引き受けただけではなく、他派閥だった亀井静香さんたちと合流しますよね。その経緯はどういうことだったんですか。

村上　それはこういうことです。政科研会長を引き受けた数カ月後に、かつて生長の家の同志だった衛藤晟一《えとうせいいち》さんが来て、「亀井さんと一度会ってください」と言うのです。当時、亀井さんは三塚派を飛び出し、「国家基本問題同志会」というグループを作っていたが、平沼赳夫さんを除いて、当選三回以下で経験不足の若手ばかりだった。当時は政科研も、亀井グループも少数だったから、一緒になれば一気に衆参合わせて六〇名以上の大派閥になり、党内発言力を増す。数は力なりですからね。

私と亀井さんとの会合で、「今の日本は目的地も定めないまま、荒海に翻弄されているような状態だ。国民のため、国のため、死ぬ覚悟で一緒にやろう。いずれこの仲間の中から、中原に駒を進める総理総裁を育ててゆこう」ということで意見が一致し、両派を合併して一緒に行動することになったのです。

この時、亀井さんは「亀の背中に乗って、竜宮城に行きましょうよ」と真顔で言っていた。そのことがやけに印象に残っています。

翌日、亀井さんと一緒に中曾根先生にお目にかかった。中曾根先生は、「君たちがそう決断したなら、それでいい。私利私欲では駄目だ。国のため国民のためにならないなら、派閥の意味はないからね」と言われ、今の鬱屈した政治を活性化させよと激励されました。

そこで、亀井グループとの合併を諮る政科研の総会を開いたところ、伊吹さんが「亀井とはダメだ。組めない」と反対しましてね。山中貞則さんも机を叩いて怒るんです。しかし、私は「みんなが反対するなら、私は政科研の会長を辞める」と言った。会長を辞めれては困るとみんなが言うので、「それなら賛同してくれ。私を選ぶか、辞めさせるか二者択一だ」と宣言した。すると武藤嘉文《かぶん》さんだけが静かに退席した。後には仲間として戻ってこられたが。

こうして亀井さんと志帥《しすい》会を結成し、参議院議員会長になるまでの間と約束して、皆さんの総意でもあり、志帥会会長を引き受けることにしたんです。

筆坂　志帥会というのはなかなか難しい名称ですね。村上さんが大派閥の会長になるということに、自民党内では相当警戒心が高まっていたのではないですか。

村上　志帥とは中国の孟子の言葉です。孟子の公孫丑《こうそんちゅう》編に「志は気の帥なり」とあります。思想が確立し、精神がしっかりしておれば、おのずから元気や気力もわいてきて、目標に向かって邁進できるという意味なんです。なかなか良い名称だと、今でも気に入っています。

　自民党内の警戒心というのは、その通りでしたね。結成から数カ月後、私は参議院議員会長に就任しましたが、その時、青木さんは案の定、「議員会長就任前に、志帥会会長はお辞めになったらどうですか」と、やんわり注文を付けてきた。議員会長の座にあって、さらに派閥をも握るというのでは、特に野中さんや加藤紘一さんの神経を逆なでするから、ということでしょうね。

　私は議員会長になる時から考えていたことでもあり、参議院議員という立場をわきまえておりましたから、派閥の会長は辞めて、議員会長になったわけです。二代目の志帥会会長には江藤隆美さんが就任しました。

　その後、役員会で野中さんから、まず言われましたね。「参議院を握り、派閥を握ることになったら、自民党の権力を一手に掌握することになる」と。

　衆議院の連中は、権力闘争という見地から、私が自民党で力を持つことに大きな懸念を持っていたんでしょうね。たしかに風当たりは強かった。

筆坂　私は共産党の議員として外から見ておっただけですが、なるほど政権政党の内部というのは、政権とは無関係だった私などには窺い知れない油断も隙もない世界なんですね。

自自連立政権をコントロール

平野 九七年から九八年にかけて、少々話はそれますが、面白いエピソードがあります。私の友人のこれ（小指たてる）が神楽坂で置屋をやっていましてね。そこに飲みに行っていい気分になった私が「神楽坂」という演歌の詞を作った。その友人というのが有名な作曲家で、曲を作ってキングレコードから出したんです。そのテープを村上さんが料亭などにばら撒いてくれた。その頃毎週のように亀井さんとも飲んでいて志帥会の歌も作った（笑）。そこで「演歌推進議員連盟」を作ろうという話になって、その連盟の会長に亀井さんがなると言い出したんです。そしたら村上さんが怒ってね。ご自分がなりたかったんでしょう？

村上 そうそうそう。

筆坂 演歌界にまで手を伸ばしていたんですか。ようやりますな（笑）。

平野 それで揉め出して。「神楽坂」という歌はヒットすると思っていたらそのままになってしまった（笑）。

筆坂 演歌議連で揉めていた（笑）その数カ月後、それどころではない事態に直面する。

九八年七月の参議院選挙で自民党が大敗を喫し、参議院の議席は過半数を大きく割り込む一〇三議席になってしまった。この責任を取って橋本内閣が退陣し、小渕内閣が発足することになる。当時、日本長期信用銀行などの金融危機が表面化し、公的資金の投入をめぐって国会は、大混乱していた。なにしろ自民党は、参議院で過半数を持っていないですから、野党の協力がなければ法案一本通すことができない。小渕政権はいつ崩壊してもおかしくない状況にあった。そこで翌九九年一月には自由党との自自連立政権が誕生した。野中さんが小沢一郎さんとの連立を「悪魔とも手を結ぶ」と言って物議を醸しました。一〇月には公明党も引き込んで自自公連立ができる。

平野　連立を組む時には、自由党から政策要求を出し、それに自民党側からは亀井静香、平沼赳夫、古賀誠、自由党側からは藤井裕久、二階俊博、私が協議した。最後は小渕・小沢で署名して合意書を作りました。党首討論《クエスチョンタイム》もこの時の合意で実現したんですが、小渕内閣・自民党はなかなか合意した約束を実行しないんです。これでは連立を組んでいる意味がないというので、小沢さんは連立離脱を真剣に考え始めた。

村上　小沢自由党が政権離脱ということになれば、これは天下の一大事ですからね。自民党本部では、森幹事長が「小沢に離れられたら大変だ」というので困惑している。なんとか説得しなければならないと思い、自由党本部に乗り込んでいったんです。自由党本部に行ってみるとみんなが悲愴な雰囲気で集まっている。そこで小沢さんに「虻《あぶ》の障子打ち」の話をしたんです。これは禅の教えなんです。江戸時代、破れ寺にいる禅の和尚さんに、ある人が相談に行ったところ、一匹の虻がいて、障子の桟《さん》のところに飛んでいっては頭をぶつけて畳に落ちる、それを何度も繰り返している。それを見た和尚さんは、相談者に対して、〝よく見なさい。虻は広い世界に出て自由になろうとしている。ところが、何が何でもあの障子のあの桟でなければならないと思いこんでいる。かわいそうに今に死んでしまう。ここは破れ寺で、どこもかしこも隙間だらけで、出て行くところはいくらでもあるのに。かわいそうなのは虻だけではない。人間も同じことをやっている〟と教えるんです（田中忠雄著『禅からの発言』曹洞宗宗務庁版）。小沢さんにこの話をして、「あなたも一つのことばかり考えている。だから出口が見えなくなるんだ。もっと全体を考えたほうが良い。そうしないと虻のように死んでしまうよ」と。そしたら小沢さんも「そうか、俺も虻になってしまうか。それはそうだ」と言うので、「そうだよ。今日はもう帰って一晩ゆっくり考えれば違う出口が見えてくるよ」と言ったんです。

これで自由党の連立離脱という最初の危機は乗り越えることができた。

平野　村上さんが、いかに日本の政治をコントロールしているかというエピソードですよ。私も個人的によく使われました。村上さんという人は、筋も通すが、情もある、議論して一旦納得したら譲るところは譲ってくれる。人を裏切ったりしない。だから小沢さんを翻意させることもできたんです。ところが村上さんのあとの人（青木）は、タケを飲んだらイエスかノーしかない。あとは野党の弱みを握っていく。ディスカッションする能力もないし、そもそも政治家になっちゃいかん人なんです。

筆坂　でもこうやって話を聞いてみると、やはり参議院を政局に絡ませてきた張本人は村上さんじゃないですか。自由党の面々が政権離脱をめぐって会議をしているところへ単身乗り込んでいって説得するなどという芸当は、村上さんしかできませんね。

村上　まあ、あんまり例のないことでしょう。それに政局というより、天下の一大事でしたからね。私の中に、一義的には小渕政権を維持しなければならないということがありました。ただそれだけではなく、自由党や小沢さんにとっても与党として連立政権に参加しているほうが政党としてははるかに有利だという思いもありました。だからはやまってほしくなかったのです。政党再編の目的のためにも小さなことにこだわることはないとの思いがありました。

筆坂　裏切られる心配がない、というのは政治の世界では特に貴重ですね。なにしろ裏切りが日常茶飯事の世界ですから。これは共産党も一緒です。私が失脚した時、そのことを嫌というほど思い知らされましたよ（笑）。

平野さんはどう評価されているか知りませんが、この点では民主党の元代表岡田克也さんは本当に誠実な人です。岡田さんが民主党の政調会長時代、私は共産党の政策委員長をしていました。野党同士でいろいろな政策問題をよく相談しあったものです。彼は、テレビ討論会の前など、「この問題は意見が違うからそれぞれの党が、自由闊達に意見を言いましょう」「この問題は意見が一緒だから、協力して自民党に立ち向かいましょう」と率直に言ってくれるので、非常に気持ちの良い協力関係を築けました。

岡田さんは東大卒の通産官僚というエリートでしたが、そういう臭いを感じさせない、誠実で力量のある方です。彼が約束をすれば、絶対裏切られないという安心感がありました。民主党は岡田さんなどをもっと重用したほうが良いと思いますよ。

話が横道にそれました。

平野　筆坂さんが忌憚《きたん》なく意見を言われるということもあったのではないですか。岡田さんも筆坂さんを信頼していたと思いますよ。

村上さんのやった連立は常に理念と政策と国を思う方向性があった。ところがその後の参議院自民党は公明党をどう取り込むかということだけです。そこに自由党が結局連立政権から袂を分かった原因があったのです。

闘うべき時は断固闘う

村上　少し戻りますが、ＰＫＯ法案（国連平和維持活動等協力法案）の時も印象深いものがあります。私はこの時、参議院の国対委員長でしたが、この法案は九一年一二月に衆議院で可決され、参議院に送付されてきました。しかし、参議院ではそのまま成立させなかった。翌年の通常国会の参議院審議で再修正したうえで、可決に持っていった。当時、梶山静六衆議院国対委員長や小沢一郎元幹事長などは驚いていましたよ。二人とも心の中で「参議院なんて」と軽んじていたはずです。しかし参議院の存在意義を私は意地でも貫き通した。

闘うべき時は断固闘わないといけないんです。国民生活、国家の運命がかかっている時なんですから。特に教育とか国防、外交、こういった問題については参議院が国益を考えて体を張る。当時衆議院は加藤紘一、森喜朗、野中広務、山崎拓、亀井静香らが仕切っていましたが、いかに衆議院が反対しようとも体を張るんです。

村山政権が行った北朝鮮へのコメ支援問題の際も自民党の五役会で反対したのは私一人でした。米を出してはダメ、加藤紘一幹事長や野中広務自治相・国家公安委員長がなんと言おうとダメだと。あの独裁政権のもとでは、米がどこに流れるかわかったもんじゃない。米がどこかで換金されて、それが日本に還流したという疑惑だって囁《ささや》かれていたんですから。それが強行されてしまった。私もいずれは日朝国交正常化は必要だと思いますよ。しかし拉致の問題だってある。こういうことをあいまいにしたやり方に反対したんです。ところがこの当時、森喜朗さんなどは、私が拉致と言うと、「拉致と言うとその人たちの生命が危険にさらされる」とか、野中さんは「行方不明者」だと言って反論するんですから。

それから九五年の「戦後五〇年決議」の時もダメだと反対した。

平野　北朝鮮への米は、村山自社さ政権の金も絡んだ問題だと取り沙汰されている闇に包まれた問題ですね。ところで「五〇年決議」は、最後は賛成したんじゃないの（笑）。

村上　賛成したわけじゃないんです。文言を変えたんです。深夜までかかって文言を変えるために頑張ったんです。しかし最後は多勢に無勢のためごまかされたんです。恥ずかしい話ですが。

一同　（爆笑）

村上　加藤幹事長らのペテンにかかったんです。加藤さんに、「村上さんの主張通りの文章を入れました」と言われ、文章を読み上げられた。そこで、「文章を見せくれ」と言ったんだが、「いやいや」と言って下書き原稿をくれない。それで自分の主張通りになったと錯覚した。「それでいいよ」とゴーサインを出し、三〇分後に印刷物が回ってきて読んだら、私の主張が削られているわけだよ。しかし時既に遅し。印刷物が回ってしまい、村上もこれで了承したということになった。

この時、参議院自民党幹事長だった私の部屋には、民族派の人たちが駆けつけていた。部屋に戻るとこの人たちからネクタイまでつかまれ、猛抗議を受けてしまった。「俺の責任だ」、もう取り返しがつかないから衆議院だけは仕方がない、しかし参議院では決議はさせないということで了解してもらった。

平野　参議院であの決議をやらなかったのは立派だった。見事でした。歴史観とか、思想に関することを国会決議にすべきではない。本来の憲法が想定している両院の関係はこうあるべきです。橋本政権での九六年の住専国会にしても、衆議院を動かしたのは参議院です。バブルの総括や金融・証券問題を監視する日本版ペコラ委員会（一九三〇年代にアメリカ上院に設置された小委員会の通称）を作って財政・金融・税制の大改革をやる合意書を村上さんの要請で書かされた。あれを実行しておけば日本の混迷はなかったのです。参議院のことだけでなくて、先に衆議院の審議の段階で話をつけておかないと参議院がスムースにいかないから、村上さんは衆議院にも力を持っていた。それが一種の恨みになったと思います。

変革の時代こそ、参議院を強くすべき

平野　歴史的に見るとイギリスやフランスは一院制になったり二院制になったりしている。今はだいたい落ち着いて二院制が常識になってるんですが、革命期や変革期には一院制になる。

非常に危ないと思うのは、現代が参議院を強くしなければいけない時代になっていることです。時代背景がね。格差社会にしても、今の時代は第三次産業革命と言われて、ＩＴやナノテクとか生命科学とか、世の中がひっくり返るような技術が出てきて人間がおかしくなっている。その中で衆議院の厄病神どもが、自分の利益追求のみで政治闘争する。とは言っても衆議院では仕方のないことです（笑）。しかしこんな状況だからこそ、本来は

参議院の存在価値を高め、真に人間を幸せにする民主政治を担保するため参議院が強くなる必要がある。もちろん青木さんの権力志向とは別の意味ですが。

村上　しかし衆議院の小選挙区というのはそうなるシステムなんですよ。

平野　いや、中選挙区でも同じですよ。

村上　いやいや、小選挙区ならよけいそうです。県会よりも小さな選挙区で国会議員が選ばれてくる。しかも一選挙区一名というけれど、落選した人間が今度は比例区で拾われて出てくる。小選挙区は一選挙区一名が売りだった。なのに比例区があるために、そうじゃなくなっています。結果、県会よりも区会よりも小さな選挙区から二人も三人も出てくる。だから議員が小粒になる。

平野　それは選挙制度の問題ばかりが原因じゃないです。政治文化の問題だ（笑）。

村上　いや、選挙制度の問題も大きい。小選挙区だから彼らが考える発想はドブ板的なんです。参議院の必要性はここでも生まれてくる。大きな選挙区で出てくる政治家はそれなりに大きくなければ太平洋を泳げないんだから（笑）。メダカは太平洋では泳げない、たらいを用意してやらないと。

いまの国際社会、地球世界と言われる中で、たらいの中でヨチヨチと、どれがメダカかメダカの先生だかわからない。大海に放り込まれてみなさい、泳げないんだから。すぐに鯨に食われちゃうんだから。

平野　いや、それは違います。議員の人間としての器の問題であって。私は衆議院の選挙をすべて小選挙区制にしろとは言わないけれど、権力集中を小選挙区で、民主的機能を比例で、というバランスを取る選挙制度が理想的だと思っています。これがヨーロッパでも普通なんです。ところがかつて日本にあった中選挙区制は自民党が独裁政治を続ける談合政治のためのものであって、グローバル化する世界の中で国力をおかしくする制度です。だから選挙区が大きいとか小さいとかは別の問題です。

村上　いやー、私はそうは思わんねぇ。

選挙制度は自民党有利に変化してきた

平野　参議院の選挙制度は、八三年に全国区（比例区）を拘束名簿式にしましたが、これも自民党と社会党の馴れ合い、出来レースでした。全国区では個人名を書いて投票するというものでしたが、これには候補者個人の選挙資金の負担が大きい。選挙費用を減らしたい自民党の思惑と、日教組から二人の当選が困難になった社会党の政党の力で議席を確保したいという思惑が合致した。政党名だけを書かせる拘束名簿式は、政党が決めた名簿順位の上位から当選するというものです。その名簿順位を巡って参議院での政党の悪い影響力が一層明白になった。

筆坂　そして二〇〇一年には、拘束名簿式から非拘束名簿式に変わりました。これも自民党の都合ですよね。当時の森喜朗内閣は、村上さんたち「五人組の密室談合」で誕生したという成立過程や「神の国」発言、ハワイ沖での宇和島水産高校の練習船「えひめ丸」と米原子力潜水艦の衝突・沈没事故への対応などをめぐって支持率は急落し、自民党の評判も著しく悪くなった。そんな状況で拘束名簿式の選挙では、政党名投票になるので自民党が不利になる。こうした自民党の思惑から、野党の反対を押し切って非拘束名簿式の導入が決まった。非拘束式の場合は、政党名でも、個人名でも投票できますから。

党名票でも、個人名票でも、一度は所属政党の得票として合算され、その得票数に応じてその政党の当選者が決まるという現在のシステムです。この結果、確実に個人票を持っている衆議院小選挙区制での落選組が、参議院比例代表に回るケースが激増しました。このことが参議院は衆議院落選組の「失業対策の府」と揶揄されるようになる一因になった。

平野　参議院の選挙制度改革は政権与党の思惑でしかなかった。さらに、選挙制度改革で衆議院の暴走を止められなかった参議院の責任も大きい。その後の参議院は与野党とも仲良しクラブになってしまった。自民党の参議院議員は業界代表、官僚出身者ばかりになり、社会党や民社党は組合の代表が議員となる。ですから、参議院は業界・財界と労組の利害を調整する場所となり下がった。

村上　衆議院落選組の溜まり場にもなってしまった。

平野　参議院が、力を持って超越的なものにならなくてはいけないのは、選挙制度の問題ではなくて、人間の歴史の問題です。今はフランス革命やロシア革命に匹敵する変革の時代なのですから。こういう時代だからこそ、参議院の本当の意味での制度的良識を確立しなければいけない。

筆坂　テレビで参議院の委員会の中継を見ていても、誰も彼もパネルを持ち出して、細々したことばっかりやっている。しかも笑ってしまうのは、負担がどれだけ増えたとか、減ったとか、口で言えばわかることばかり。みんな、みのもんたになっちゃった。

テーマだってほとんど衆議院と同じことを繰り返しているだけではないですか。結局、自らの主義主張に自信がないから、言葉で勝負できないんです。

平野　しかし現在の情報社会で、メディアがこれだけ権力を持った社会で、我々のような立場の人間がいくら叫んでもほとんど効果はない。

筆坂　平野さんは、随分あちこち出ているからそれなりの効果はあるでしょう。

平野　いや少ないですね。大きなメディアがしっかりとした、国をひっぱっていくような論陣を張るべきなのに、特定の宗教に引っ張られて良識を失い、自分の金儲けしか考えてない。それは朝毎読などの大手新聞からテレビ、地方紙に至るまでほとんど同じです。だから我々がいくら叫んでも国民が知る度合いはたかが知れている。

筆坂　ですから今の参議院議員は責任重大なんです。郵政国会では、小泉前首相や青木議員会長にいいようにもてあそばれ、あげくに自ら参議院なんて必要ありません、と言わんばかりの情けない態度をとって見事に参議院の存在意義を否定してしまった。恥ずかしくないのか。笑い者ですよ。

平野　もはや、そんな自覚もないでしょう。参議院は、今や抜歯の時の麻酔をかけられたような状態になっている。

第六章　参議院改革論

参議院改革の必要性

村上　それにしても今の参議院議員の年齢は若すぎます。自民党も七〇歳以上は公認しないと年齢制限したせいで小野清子さんも次の参議院選出馬を断念したみたいだが、私は逆に参議院だからこそ上の年齢は無制限でいいと思っています。むしろ下の年齢こそ制限すべきです。参議院議員は豊かな経験をした人が、まず資格者であるべきです。だからこそ〝参議院という器〟をまず変えなくてはいけない。それが参議院改革です。器を改革すれば参議院議員の質も変わる。

平野　国民の参政権の基本ですからね。年齢制限は難しい。第二院を連邦国でもないのに選挙で選ぶことに問題がある。

筆坂　参議院民主党を見ていると、むしろ若い議員に優秀な人が多いですね。順送りのように労組から出てくる議員より、はるかに誠実で、やる気もあって、質も良いですよ。参議院自民党の若手は、なんか目立ちたがりが多いですね。

村上　国民にとってわかりやすい、理屈に合う器作り＝選挙制度改革は政治の仕事です。私はそれが改革の本丸だと言っている。つまり、それが政治改革になるんです。その突破口として今度の参議院選を位置づけてもらいたい。

平野　外務省のラスプーチンこと佐藤優氏が、著書『日米開戦の真実　大川周明著「米英東亜侵略史」を読み解く』で右翼思想家で学者だった大川周明の「己の善をもって己の悪を変えるのが改革だ」という言葉を紹介しています。これは参議院改革にも通じるものがあると感心しました。要するに、他人の善や外国のものを真似て、自分たちの欠点を変えようと思っても変えられるものではない、という意味です。

村上　まさしくそうだね。今日本で行われている改革は、たいがい外国のものを持ち込んできて、それをひとつの基準にして善しとしている。

平野　参議院も六〇年経ったわけです。六〇年といえば還暦、ひとつの区切りです。参議院の改革はよい機会です。

村上　しかし現実は改革の気運さえない。その気運が出てくると参議院自らが消すんです。改革は自分たちの身を削ることでもある。その痛さに耐え切れないから、改革は最初からゴメン蒙《こうむ》る、という感じです。

　衆議院サイドから改革の話が少しでも出ると、衆議院に行って「参議院を馬鹿にするのか」「軽視するのか」と抗議する始末ですから。本来は逆なんですけどね。

筆坂　まったくです。共産党にもいましたよ、そういう連中が。指一本触れるなという態度なんですよ。そうじゃないでしょう。参議院のここをこう変えるという提起をしてこそ、「参議院ここにあり」ということが示せるんだということがわかってない。そのためには、自ら血を流さなくては、二四二人もの参議院議員の存在意義はない。

村上　私の事務所にも参議院の若い議員が来ますけど、私は口をすっぱくして参議院改革だ、と言っています。でもピンとこないみたいですね。「青木先生がねぇ」と言って帰っていきます。

永田町にはヘドロの生簀がある。そこにボウフラと雷魚が棲みついている。雷魚は光を嫌い、日が経つにつれみるみるうちに大きく太っていく。そのヘドロを埋めないといけない。永田町が一部の雷魚によって食われている。それが青木議員会長であり森喜朗元首相です。特に青木さんは参議院の主導権を一手に握っている。

参議院は、権力者をつくってはならない。しかし、今日までの参議院自民党のあり方を検証すると幹事長を三年やった後、エスカレーターに乗ったように議員会長を三年やる、そして最後は議長に就任するというコースができあがっている。一人の人間が六年以上も権力中枢・トップの席を占め続けている、ここに問題がある。この流れを断ち切ることが重要だ。参議院自民党議員会則では、議員会長の任期が私の時の一年から三年に変更されているが、これを元の一年に戻し、局面局面で議員会長の責任を問うことができる体制にすべきだ。

私自身、天に唾することになることは百も承知しているが、それゆえにこそあえて言わなければならない。青木氏の場合は、ここに一年有余の内閣官房長官の在任が加わる。まさに絶え間なく権力の座についてきた。

その間、出処進退のケジメをつけるべき機会が何度かあった。一度目は〇四年参議院選挙で自民党が敗北した時だ。二度目は参議院が郵政民営化法案を否決した時だ。私は、彼はそういう出処進退の判断ができる男と思っていたが、そうではなかった。彼の政治生活の汚点として記録されるだろう。彼を惜しむが故に、このことをあえて指摘せざるを得ない。

筆坂 雷魚というのは、カエル、甲殻類、昆虫、こうもり等々、およそ生きているものならなんでも食べると言われているそうですね。中国には、この魚には悪魔が住んでいる、後ろを向いている隙にエラの間から手を出して首を絞めるという言い伝えがあるそうですよ。

平野 だからこそ、我々が参議院の改革案を出す必要性がある。以前、村上さんと私で参議院改革についての対談をやったことがあります。そこで、七つの私案を提唱しました。

・党首選に参加しない
・内閣総理大臣の指名権を持たない
・大臣には就任しない
・三年ごとの半数の改選はやめ、任期六年を一括して選ぶ
・予算と条約は衆議院の議決とし、決算は参議院が議決権を持つ。会計検査院は参議院の所管下に置く
・参議院は外交、防衛、教育など国の重要案件を中心に審議する
・政府の審議会を廃止して、その役割を参議院が持つ

もちろん、この中には憲法を改正しないと実現できないものもあります。ですから現行の憲法を前提とする場合と、憲法改正後の場合とは、分けて議論していきたい。

参議院議員は党首選挙に参加すべきでない

筆坂 そもそも憲法上の位置づけが参議院と衆議院とで異なるわけです。第三章でも触れましたが、参議院に内閣不信任の権限はない。その代わり政局から距離を置いて物事を判断することが憲法上、位置づけられている。

ところが現在の参議院は政党化が進んでいる。国会というのは、その審議を通じて、各議員がその法案について賛否の態度を決め、必要なら修正し、だめなら否決するためのものであるはずです。しかし現状は賛否の判断をそれぞれの所属する政党が事前に決めている。審議以前に決めているんです。そして政党の決定に議員が拘束される。これでは何のための審議かわかりません。公聴会や参考人質疑が形骸化しているのも、ここに最大の原因がある。

村上さんが秘書を務めた玉置和郎さんの話にも出てきましたが、〈参議院からは大臣を出すべきではない〉というのはもっともな話です。また参議院から派閥化や政党化を排除するために、〈総理の指名権を持たない〉というのも同様です。いずれも厳格にこれを実行するには憲法改正が必要になります。しかし、憲法を変えずとも、大臣を出さないというのは政権政党の自治として決めればできることです。首班指名権は、現実には衆議院が優先されるわけですから、むしろ〈党首選に参加しない〉ということのほうが実質的な意味があるでしょうね。

村上　六年という長い任期が保障されているからこそ、良識や見識が出てくる。ところが政局に巻き込まれてしまうと、その判断ができなくなる。大体、参議院は総理大臣の本会議での指名権がないのと同じです。憲法では総理指名について「国会議員の中から国会の議決で、これを指名する」となっていますが、実際は衆議院の議決がそのまま国会の議決となる。

平野　しかし現在の憲法では、形式上でも〈総理大臣を指名しない〉わけにはいかない。〈大臣にならない〉のは参議院議員個人の判断で十分できますが。

説明しますと、首相指名は、衆議院と参議院でそれぞれの投票により行われますが、もし衆参で異なる指名だった場合、両院協議会を開いて首相の指名について協議することが規定されています。しかし両院協議会で意見が一致しない時は、「衆議院の優越」によって、衆議院の議決で首相が決まる。

九八年に衆議院は小渕恵三、そして参議院は民主党の菅直人を指名し、両院協議会が開かれましたが、ご承知のように、衆議院の指名通り小渕首相が誕生しました。

村上　そうです。もちろん形式上はやるけれど、衆参で首班指名の意見が違ったら衆議院優先です。ですから実質的には、指名権がないのと同じなんです。にもかかわらず問題は、筆坂さんも指摘したように自民党の参議院議員は政権与党である自民党員でもあるから〈自民党総裁を選ぶ一票〉を持っていることです。これを楯に振り回すわけです。参議院は、弱者の論理で結束しやすいんです。結束すれば数は力になる。参議院を握れば総裁選に圧倒的に有利になる。だから参議院の言うことも聞いておかねばならず、総裁候補は参議院の実力者に対しては強く出られない。そして時の権力者青木会長にペコペコする。これが最近のチンケな現象です。ですから参議院議員には〈総裁選の投票権を持たせてはいけない〉んです。

平野 参議院の役割でもある衆議院へのチェック機能という意味でもそうです。衆議院が小選挙区比例代表制になった結果、同じ都道府県選出の議員の間の上下関係が大きくなってしまった。

小選挙区には現職衆議院議員である党の支部長がいます。この支部長の了解を得なくては、自民党参議院議員は選挙区の公認を取れない。参議院議員は地元に組織力がありませんから、衆議院の総支部長の協力なしでは票が集まらないのです。ということは参議院議員の生殺与奪は衆議院議員が握っていることになる。

村上　私は、まず参議院からは閣僚を出さない。その代わりに、新しい内閣ができれば、まず参議院に閣僚名簿を提出させる。参議院にその閣僚たちが適任かどうか、〝身体検査〟、チェックをする権能を与える、というようにしてはどうかと考えます。こうすれば衆議院との緊張関係も生まれます。

参議院改革の一里塚、議員定数を一〇〇人削減

筆坂　〈三年ごと半数を改選〉という選挙制度を考える前にひとつ提案があります。それは参議院の定数の問題です。まず思い切って〈参議院議員の定数を減らす〉ことが改革、そして選挙制度改定の第一歩だと思います。

村上　減らすには参議院の仕組みをまず変えなくてはいけないんです。

平野　参議院に閣僚選出承認権を持たせることは、憲法改正が必要な暴論となります。ここまで行きづまっている参議院だけど、一挙に憲法が変わるわけではない。憲法改正を前提にどう参議院を改革するかという議論と別に、現在の憲法の枠の中でどう変えるかということです。これが非常に難しい。

筆坂　難しいですが、やらなくてはならない。今度の選挙を見ても、どれだけ票を取るか

のタレント集めに躍起になっている。この体たらくこそが「参議院はいらない」ということを自ら証明しています。私は思い切って定数を今の二四二人から一〇〇人程度まで削減すべきだと思っています。アメリカだって上院は一〇〇ですからね。アメリカと比べる必要もないけれど、参議院の存在意義を高めるためにも二四二人は多すぎます。

ですから思い切って一〇〇人に絞る。絞れば現在のように政治経験も何もない、ただ著名で顔が知られているだけの人たちは淘汰される。こうした著名人を公認する際の基準は、彼らの政治家としての力への期待ではなく、単なる票集め、人数合わせですからね。

平野 改革を語る際、たしかに参議院議員の構成員数の問題は大きい。

村上 それと選出方法も同時に考えねばならない。

平野 筆坂さんのおっしゃるように、参議院の人数削減によって質が高まるのはその通りですね。

ただ、どの程度減らすかが問題です。筆坂案の定数一〇〇人もいいですが、参議院の場合、アメリカの州代表のように各都道府県の地方代表にウエイトを置くか、あるいは良識というか知識、学識経験を重視するか、あるいはミックスするか。ミックスするのだったら、どんな組み合わせにするかを考えたいですね。

筆坂　ミックスでしょうね。

村上　もうひとつ職益代表もある。参議院の比例区の場合はね。

平野　職益代表は、学識や有識の中に入れればいいかもしれません。

筆坂　四七都道府県の知事をそのまま参議院議員にすればいいのではないか、という案をある人と話し合ったことがあります。知事は各地方代表であり、その地方の事情を一番よく知っている。

平野　ドイツの上院は筆坂さんの言う選出方法ですね。

村上　日本の場合、地方代表は衆議院ですがね。

平野　衆議院の地方代表とドイツの州代表は違うんです。日本の衆議院は地方代表ではなく住民代表なのです。参議院が地方代表になると利権代表になってしまう。参議院は日本国民の代表なんです。

村上　現行のような人口比で参議院議員の選挙区定数を決めるのがやはりおかしい。衆議院は地方を代表しているんだから、小選挙区で三〇〇でいいじゃないか、と考えています。小選挙区にプラスして比例をつけるからおかしなことになる。国民は「私たちの選挙区ではこの人を落選させました。にもかかわらずなぜ比例で生き返るの？」と疑問を持っている。ですから衆院は単純小選挙区で定員三〇〇人。そして参議院は定員を一〇〇人に削ればいいと思う。大体、今の日本は議員が多すぎる。議員だらけだ。

平野 議員と呼ばれる人は六万人いますね。この連中の口利き政治が財政を破綻させた。

村上 後ろから石を投げたら何かしらの議員に当たるんだ（笑）。それほど多い。

平野 議会政治を知らない議員が六万人いる。

村上 日本の議員は特権意識が強すぎる。その感覚であんなでかい超一流国並みの首相官邸を作ったんだと思う。アメリカだってあんな贅沢はしていない。庭園を作ったり茶室を作ったり、本当に無駄ばかりだ。豪華議員宿舎もそうだ。そのうえ政党助成金だ。国民におねだりばかりしているから、迎合政治になってしまう。議員は三流と言われているがね。

平野 では、お二人の意見としては現行の憲法下で一〇〇名定員でいいんですね？

村上 いや憲法だって改正すればいいんだ。一〇〇でもいいと思う。ともかく、国会も地方も議員が多すぎる。政令指定都市の道府県議会議員などいらない。ほとんどの権限は政令指定都市にあるんだから。

筆坂 厳密に言うと、私は一〇〇に拘《こだわ》るつもりはないんですよ。現実的に言うと四七都道府県があるわけです。単純に各県で二名ずつ選出すると、鳥取県でも東京都でも統一して二名出すとします。四七×二＝九四人、これで都道府県代表が九四人となる。あと比例で五〇なら五〇と決めればいい。

平野　比例はやめたほうがいい。

村上　例えば総理経験者や野党の党首経験者を参議院に入れる。

平野　それは憲法を改正しないとできない。今は現行の憲法下で考えましょう。

筆坂　一〇〇人と考えれば九四で六余るでしょう。単純に人口比例ではいかないけれど、東京と大阪と北海道くらいは増やしてもいいと思いますよ。

村上　それじゃダメなの。あとは比例は枠を決めないで、比例という制度だけを残せばいい。その制度の中で総理大臣経験者、文化勲章受章者など文字通りの有識者になってもらえばいいんだから。できないの？

平野　できません！　法律ではできません。だって今の憲法では国民に選ばせろ、というんだから。

村上　そんなの制度を変えればいいじゃないか。今の比例だって、党が推薦してランクをつけているだけですよ。

平野　それは党の内部の問題です。今の議論とは違う（笑）。

参議院が堕落している原因は政党の悪弊にあるんです。参議院に比例区を導入したことに根本的な間違いがある。繰り返しになりますが、なぜ拘束の比例代表制にしたかというと、これは自民党と社会党の談合の結果なんです。全国区でやると金がかかってしょうがない。選挙のたびに自民党は金権政治だと批判されるという悩みがあった。一方の社会党は人気が落ちて大きな労組、自治労や日教組の力でも二人当選が難しくなった。そうすると党が推薦する人にランクをつけ優先的に推す人を選挙で勝たせる仕組みとして比例の導入が必要だった。これは参議院の自殺行為でした。

政党の影響力を減らすためには参議院比例という制度はあってはならない。ですから比例ではなく、全国区にするかブロックにするかという問題になるんです。比例と全国区は混同されやすいんですがね。

第八次選挙制度審議会の下敷きを私たちが作った時に、これは後藤田さんの案として作ったんですが、憲法は「選挙で議員を選べ」となっているわけです。だから選挙をなくすことは困難です。それで新たな法律で公正な第三者の審議会を作り、そこで五〇人なら五〇人の候補者を推薦して、その候補者を中心に、他に立候補したい人がいたら立候補させ、金のかからない公営選挙で議員を選ぶという「候補者推薦制度」という案を考えた。これが現在の憲法下でギリギリの案ではないかと。しかしこの案は審議会を通らなかった。憲法上の疑義があるという理由からです。

私は住民代表ではなく地方代表として二人を選出し、四七各都道府県から二人、現在の参議院選は三年ごとですから四七人×二で九四人にする。これは結構な案だと思います。

その他にもあと五、六〇人は必要でしょう。選出方法は比例制では政党政治になるからダメです。が、それは今後の課題として残しておきましょう。ですから九四人＋五〇人で一四四人の定数にする。

筆坂　全国区またはブロックでもいいですね。

平野　私は候補者個人が今やっているような選挙運動をしないのがいいと思います。ですから公営選挙を再提案します。個人で金を使って選挙をすれば、金の競争になってしまう。公営選挙にして、選挙運動はテレビと立会い演説だけにする。もちろんビラやポスターなどは貼らせない。この選挙経費は国が出す。そうなれば国民は候補者をその見識や考え方で選べるようになる。

参議院選挙の候補者は見識重視で選べ

村上 もうひとつ、参議院は党の公認や推薦を受けない。〈参議院は政党化から離れるべき〉だと思う。

平野 その問題は具体的にどうやるかが難しいですが、考え方として良いと思います。ただし地方代表は政党でやっても構わない気もしますが。

村上 いやそうなると衆議院の風下に立つことになる。ですから参議院は党推薦も公認もなし。政党には関わらないと徹底すべきです。知恵を絞ればより良い制度を作ることができますよ。

平野 出たい人（候補者）より出したい人ですね。それには公営選挙が適していると思います。

筆坂 私は〈党議拘束をなくす〉という方法で、政党化から離れる、という案を考えています。政党抜きの選挙は理想かもしれませんが、政党を完全に排除するのは現状では難しい。現実的に考えれば説得力がない。ですから党議拘束をなくす、ということを各政党が宣明するということで担保する。

平野 私も地方代表については仕方がないかと思います。ただ他の五〇人については、できるだけ見識重視で選びたい。

「頭の中で考える制度はダメ」という言葉もありますし、飛躍すると漫画みたいになってしまう。公営選挙にすれば政党もあまり乗りださない。政党のポスターは公職選挙法として、禁止すればいいんです。

筆坂 見識重視で候補者を選ぶというのは、たしかに大事です。ただ政党の場合には、政党の自治ということがあります。なぜこの人を候補者にしたのか、自画自賛ではなく客観的評価に堪える情報を政党が公開したらどうなんでしょう。

どの政党とは言いませんが、首長選挙の候補者を見ていると国政選挙や地方議員選挙など、あらゆる選挙で落ちまくっている人や本当にこの人が当選したらどうするんだろう、と思うような候補者を乱立させている政党もありますからね。どの政党とは言いませんが（笑）。

平野 いやいや、よくわかります（笑）。イギリスの場合、労働党は違いますが保守党の場合は、選挙の前に候補者の審査をするんです。現職議員は審査しませんが、一度落選した議員は審査にかける。それほど党のチェックが厳しい。

私は小沢さんと一緒にイギリスに行って、非公式に調べたことがあるんです。そこで担当の保守党の副幹事長と内務大臣に会って話を聞きましたが、内務大臣であっても、その後落選すると再出馬の際、試験を受けるというんです。イギリスの内務大臣はものの凄く力のある立場です。にもかかわらず、そうしたチェックがある。

それほど議会の候補者選びに、そして議会そのものに真摯なんです。日本でそんなことをやったら落伍者がいっぱい出るでしょう（笑）。

村上 日本でも自民党や民主党は公募という制度も採用している。

平野 あれは形だけ、というかインチキもいいところで。

筆坂 私も抵抗があります。政党のくせに公募をしなければ候補者もいないのか、と。

平野 すぐに出馬させるのではなく、養成するための公募だったらいい。しかし今は自民党も民主党も「公募制でなくてはいけない」という方向の議論をするでしょう。これは新人をいきなり出すための公募で、おかしい。

党議拘束を外せ！

筆坂 それとやはり党議拘束は問題です。参議院改革は政党化を防ぐためにも党議拘束を外すべきです。これは各政党の自治としてやるべきです。なぜかと言うと例えば臓器移植の問題や倫理観に関する問題、こういったものは所属政党とは関係のない問題です。どの時点で死と判断するかなどは、個人の宗教的考えや生き方にも関わってきます。政党の政策で決めるような事柄ではない。

平野　それが議会主義の原則です。民族問題や精神的な判断をすべきことは特にそうです。

筆坂　こういったデリケートな問題に対し、「わが党は賛成です」とか「反対です」と決めること自体がナンセンスです。

平野　こういった問題は多数決原理の対象にしてはいけないというのも欧米の論理なんです。戦争の歴史観なども決議してはいけない。個人の問題ですから。

筆坂　歴史観は雑多ですからね。こういった問題まで党議拘束をするのは、行き過ぎた政党化です。

平野　そういえば、アメリカでのイラク派兵反対決議だって共和党は一七人が賛成に回っている。そして民主党二人は反対なんです。おもしろいよね。

村上　しかし日本の防衛担当大臣が、アメリカのイラク政策を「間違っている」なんて発言しているが、自衛隊は派遣されている。現地に行く自衛隊員の気持ちも考えるべきだ。こんな感覚の男を防衛大臣に置いていることは大問題です。日本はアメリカの同盟国なんだから。意見の違った閣僚を置けば軍事同盟は成り立たないでしょう。安倍首相も言いたい放題なことを言わせておいていいのか。

筆坂 私はちょっと意見が違いますが（笑）。

平野 久間章生は大臣を辞任したくてあんな発言をしたんじゃないの。

村上 そうかもしれないが辞めさせてくれないじゃないか（笑）。でもあんな発言を聞くとそう思いたくもなるね。

平野 それはともかく、参議院を立派にするには、そして改革するには、まず政権交代がないと無理なのかもしれません。いや政権交代しても参議院が堕落していたらダメですけどね。

筆坂 参議院自民党だけでなく、参議院民主党も相当、血を入れ替えないといけない。民主党は、衆議院の場合には、政府与党と厳しく対決していると思いますよ。しかし、私がいた頃から参議院民主党は、妥協的だった。特に労組幹部上がりがね。

平野 今泉昭氏が参議院副議長になり、民主党も自民党とはっきり対決できるだろう。もうアガリのポジションで次はない。

参議院は人口比例の選挙制度にする必要なし

村上　選挙制度の問題で言うと、「一票の格差」などという姑息な問題を議論しているだけでなく、我々の議論のように定数削減問題がまず必要です。今度の選挙でも参議院改革の中で定数を半数削減すると公約で訴えるくらいでないとダメだ。

平野　おっしゃる通りです。また選挙で参議院を構成するにしても人口比例である必要はない。

筆坂　憲法学者の小林節慶大教授も産経新聞〇七年一月二七日付「正論」欄で次のように指摘しています。「二院制を定めている以上、それぞれに異なった存在理由の上に各院の構築をするのが筋」であること。「衆議院と同じ『人口比例』という構成原理の上に参議院の選挙制度を考える発想はそもそも間違っている。参議院という名の第二衆議院を作る必要はない」というのです。「個人としての思いを代表する議会が衆議院で、地域の思いを代表する議会が参議院だ、とする政策選択も十分合理性を有すると思われる」。

平野さんの考え方とほとんど同じです。

平野　衆議院だってある意味ではパーフェクトにやる必要はないんです。

筆坂　パーフェクトにやろうとすれば逆に定数が増えてしまう。

村上　いずれにしても参議院は自ら血を流さなければ。参議院の役割からも改革の前提に定数削減を置かないと参議院の権威を保つことはできない。身を削ることを嫌がって定数是正に反対するというのは、自ら参議院の権威を貶《おとし》め、軽視することになるんですから。

平野　人口比の問題で一番悪いのは最高裁です。最高裁が基本的に衆議院も参議院も人口比でやれという考え方で、最高裁判決まである。

　衆議院の定数是正問題で憲法違反との判決が出た時、私は衆議院の事務局の担当だった。「最高裁判決が出たことで、議長のもとで諮問機関の案を作れ」と言われたが、私は「いや、最高裁判決のほうがおかしい。人口比例を生かすのは枝葉の部分であって国民を代表するという根幹は頭数の問題じゃない」と主張したんです。そうしたらプロジェクトから外されましてね。それほど機械的な判断になっているんです。

村上　四増四減などの姑息な小手先のことで逃げてはなりません。もっと本質的なことを議論すべきですね。

平野　選挙制度を語る学者もよくない。本質的なことがわかっていない。

筆坂　参議院は何のためにあるのかというところからスタートしないと。衆議院と同じように人口比例でやるのだったら「小さな衆議院」を作るだけです。そんな参議院なら必要ない。だから選挙制度だって根本から考え方を変えていく必要がある。

平野　私は参議院議員は選挙で選ばないほうがいいとさえ思います。もちろんこれは憲法を変えなくてはできませんが。

決算審議を参議院独自の権限に

筆坂　定数以外にもうひとつ決算の問題があります。不思議なのがＮＨＫの中継です。参議院の決算委員会を最初に放映し、予算委員会も放映する。しかし衆議院は予算委員会だけです。参議院のほうがＮＨＫ中継が多い。

私は参議院改革で言えば、〈決算審議を参議院独自の権限にする〉べきだと考えています。

村上　それは私が口をすっぱくしてＮＨＫに、「参議院は決算を優先していくのだから、決算の委員会を放映しろ」と申し入れしたからです。

筆坂　なるほど。だったら予算審議は放映する必要がない。参議院はもっと決算に絞りこむべきです。

村上　いや絞るのではなく、思い切って決算だけに切り替えるべきでしょう。

平野 決算というものの本質をきちんと議論しなければならない。いかに国会議員が基本的なことを怠けて、目先の議論ばかりしているかの証左にもなる。

かつて明治憲法下では決算についての大論争があったんですが、いまだに決着していない。いや決着しようとしないんです。これは私たちが提唱した〈予算と条約は衆議院、決算は参議院に〉という議論にも繋がります。

参議院の予算の審議権に関して言えば、早い段階からその限界が問題になっていました。予算案には「衆議院の優越」があります。衆議院で可決し送られてきた予算案を参議院が三〇日以内に議決しなければ「衆議院の議決を国会の議決とする」というものです。ですから参議院が何もしなくても三〇日後には自然に予算は成立する。

しかしこの制度は、参議院の予算審議権を制約するものでしかない。だったら、参議院は予算より決算に力を入れるべきだとね。

筆坂 憲法上、予算は審議しなくてはいけない。しかし、どうせ自動的に三〇日で成立するわけです。それよりも決算に重点を置くべきですね。

村上 一般企業であれば、決算が通らなければ予算が組めないというのが普通です。国の経営も会社と同じです。しかし国の経営はそうはなっていない。ですから前年度の決算が通らなければ予算が組めない、そういう制度を作るべきです。予算は衆議院、決算は参議院にと振り分ければいい。

平野　〈決算は参議院の議決権とする〉の案ですね。決算は衆参の間で送付関係がありませんから、それぞれの院が独自に審議できます。ところがこれまでは、三年も、四年も前の決算を審議していた。これでは予算に反映することはできませんから、ほとんど無意味なんです。しかし、参議院が決算重視という方向を明確に打ち出して以降、スピーディな審議、議決をするようになった。これは一歩前進です。

しかし決算の問題で、今の衆参両院議員が気付いていない重要な問題があります。予算は承認しなければ成立しない。ところが決算というのは「議案」なのか、「報告事項」なのかという憲法上の位置づけが帝国議会時代から議論されてきたがウヤムヤになっている。

議会側は決算は議案である、だから議決が必要だという論です。一方の政府側は報告事項だ、だから承認しようがしまいが、それは国会の勝手だ、という論なんです。

村上　だから審議が遅れに遅れることになる。

平野　参議院で決算を否決したことは過去何回かありました。その時の責任の取り方がまったくなく、政治的に内閣が「ごめんなさい」と声明を出して終わりにしていた。憲法論争をやりながら決算の審議の方法を考えないといけない。

筆坂　私も決算委員を何年かしましたが、政府側は国会が承認しようが、しまいが関係ない。もう予算は使ってしまったよ、という態度ですから、はっきり言ってどんな議論をしても意味がないんです。参議院で決算審議を早くするようにしたのは一歩前進ですが、政府にとって痛くも痒《かゆ》くもないことには変わりがないのです。平野さんが言われた憲法上の位置づけ、もちろん議決が必要という方向で決着をつけることが、この問題では重要です。今の莫大な借金財政もこの杜撰な決算のあり方が、その根底にあるわけですから。

財政問題として、もうひとつの問題は、予算が単年度主義だということです。その結果、予算を余らせない、何が何でも使い切ってしまうという消化主義になっていることです。その結果、年末には、いろんな所で突貫工事が行われている。一年、一年、議会で必要な予算だとして議決し、承認した予算だから、使いきることが法令に則ったやり方だというわけです。悪しき法令主義とでも言いますか。

会計検査院の検査というのも、この考え方に立っています。その結果、どういうチェックになっているかと言えば、違法な支出かどうかだけです。簡単に言えば違法でさえなければ、どんな無駄な道路やダム、補助金を支出していても構わないんです。これでは会計検査などとは言えません。

アメリカなどは、違法かどうかをチェックするのは当たり前で、そのうえで本当に有効な事業か、効率性はどうなのか、無駄な事業ではないのか、など事業そのものを見るという方向に進んでいる。無駄な事業かどうかを無視し、違法な支出か否かしか調べないのは日本くらいです。

平野　参議院改革はこれまでも斎藤十朗議長時代からさまざまなメニューが出ているから、これまでのメニューに出ていない話をしてみようと思います。お二人には意見を聞かせてほしいのですが、会計検査院を参議院にもってくるというのは非常に大事なことなんです。が、今の日本国憲法では会計検査院は独立機関として据えられている。しかしアメリカでもイギリスでも会計検査院は国会の付属機関なんです。それが本質です。ですから憲法を改正するまでは、事実上、会計検査院は参議院の縄張りだという意識を持つことが必要だと思います。

筆坂　将来的には、会計検査院を参議院の中に置いてスタッフを充実させ、年度末に消化するような無駄な事業をさせない、予算の使い方を厳しくチェックする機能を参議院が持つべきです。極端な話、参議院は予算審議なんてしなくていい。どうせ衆議院で決まるんですから。

衆議院は予算を決める。つまり予算は衆議院と政府で決める。そして参議院はその使い道を徹底的にチェックする。借金が何百兆円もあると言われる日本にとって、これは必要不可欠なことです。

官僚に責任を取らせる仕組みを

平野 決算においての不当事項、不法事項が決議されれば、その当事者である行政官の責任を取る仕組みも同時に作るべきです。やりっぱなしで、何か問題が起こった時には当事者の役人は他の部署に異動して責任の所在がまったくわからなくなっている。

村上 予算の結果の評価が何年か先になるからね。工事をやって結果が出るには時間がかかる。

平野 ただ具体的に責任を追及できる人がいたら、きちんと責任を取らせるべきです。これは憲法を変えなくてもできるはずです。

筆坂 それは本当に大切だと思います。参議院改革と同時に官僚機構の改革にも繋がる。政治家はそうはいっても選挙での当落という形の責任の取り方があります。それだけで十分だとは言いませんが。

例えば無駄な橋や道路、公共建築物が全国にいっぱいある。私はそれを見るたびに思うんです。自分の財布から金を出すなら、こんなものは間違っても作らないだろうと。原資が税金だから、こんな無駄が平気で蔓延《はびこ》るんです。それとどんなに失敗しても、その損失や赤字を埋めるのは自分ではない。納税者であり、国民だからですよ。夕張市だってそうでしょう。事業がことごとく失敗しても、誰も損害賠償をしたわけではない。

行政官は、馬鹿な事業をすれば、損害賠償を求められることだってある、責任を問われることがある、という仕組みを作らなければならない。

村上　私は今、刑事被告人という立場です。私はやっていないことはやっていないと無罪を主張したが、しかし検察はそれを立件した。私自身が立法府にいて、法律を作ってきた立場ですから、有罪か無罪かは誰よりも一番わかっています。そして起訴されてから既に六年経ちますが、私を担当した検事は検事正にまで出世している。

現在の司法を見ると刑事事件での判決は九九・九％が有罪です。この異常に高い有罪率はなぜかというと裁判官が検事の言いなりの追認主義だからです。

もし、権力や出世に迎合しない正義の裁判官、真理を追求する裁判官がいたとするなら、自らの良心にもとづいて私に無罪判決を出すと確信しています。

私がどうしても納得できないのは、私を逮捕し、起訴し、公判で有罪を主張した東京地検特捜部の検事たちが、退任すると弁護士になっていることです。いわゆる「ヤメ検」ですね。しかし、ついこの前まで東京地検特捜部の検事だった人間が、今度は法廷に立って東京地検特捜部が起訴した被告人の弁護人になっている。これは一人の人間の生き方としてもあまりにも器用すぎる。こんなことで本当に司法の正義が貫けるのか、と言いたい。しかも彼らは、冤罪事件を引き起こしても、個人としての責任は取らないんです。官僚システムの欺瞞そのものです。

一般の役人の世界だって天下り規制が問題になっている。検察の正義、司法の正義というのであれば、少なくとも一定期間は弁護士資格を与えないなどの規制をすべきです。

また高速道路、東京湾アクアラインなどの巨大事業にしても多くが赤字という状況でしょう。このように失敗した事業に対し、関係した役人はそれなりの責任を取るべきです。ところが逆に公団の総裁になったりしている。こうした官僚は責任を取って現職を辞めるとか、天下りを禁止にするとか、何らかの方法で責任を明らかにしてほしい。またそのための制度が必要です。現状では責任を取る制度がないから無駄な公共事業などはやりっぱなし、やり得になっている。

筆坂　アクアラインにしても、大赤字で損害賠償でも求められることになってごらんなさい。もし責任を取る制度があれば、政治家も、官僚もあんな馬鹿な橋は作らないですよ。しかし赤字が出ても税金で後始末してくれる。計画し、実行した責任者は一切傷を負わないシステムだからこそ、無駄なことを平気でやる。参議院も公務員の責任問題を積極的に取り上げていくべきです。

平野　戦前、官僚は天皇陛下のために仕事をしている自負があった。悪い人もいたでしょうが、そうしたブレーキが利いていた。ところが最近の官僚は国民のためにならないことを平気でやる。特定の大物政治家の悪さを上手に手伝って、上手に完成させる者が出世する。これも政権交代をしないから出てくる悪弊です。

自民党と公明党が何が何でも政権交代させない、というのが現在の日本での政治状況です。まさに北朝鮮と一緒で、私はこれを「東アジア型の一党独裁」と命名しました。わが国はまさにこれなんです。東大法学部卒の官僚で近代政治を熟知している人が、自民党の国会議員になると、その知識はどこかに飛んでいってしまい政権維持に汲々とする。変節するんです。

改革には政権交代と政党再編が不可欠

平野 昔から日本で政権交代がないのは、与党の評判が悪くなった時、逆に野党の評判も悪くなるということも一因としてあります。与野党の評価が同時に悪くなるのが五五年体制からの構造です。

それはなぜか。政治不信もありますが、もともと自民党は二枚舌、三枚舌を行使してきた。自民党の中でいつも振り子のように両極に振れる。野党はそれに惑わされてきたわけです。そして極端な話、経済問題にしても、自民党の中で格差問題をやれという人、安倍首相や中川幹事長のようにまず大企業の儲けを拡大させろという上げ潮路線の人がいるわけです。そして民主党の一部にも小泉や竹中平蔵と同じ考えの人が二、三十人はいる。与野党の中がそれぞれお互いに自己矛盾し、自家撞着《じかどうちゃく》に陥っている。

村上 そこで政党再編が必要となってくるわけだ。本来ならば同じ理念で政党を結成するべきです。しかし、現状はそうはなっていない。ですから一種の解体、再編が必要なんです。

平野 先日小沢一郎が講演を行った際、こんな発言をしたんです。

「参議院で与野党が逆転したら政局になるのではない。しかし互い違いになっている政党の再編には繋がるかもしれない」と。

私もそれが限界だと思います。安倍政権で法案が通らなくなるというのであれば、理念の同じ共通な政党に再編すればいい。参議院で与野党が逆転するというのであれば、それは政局になるのではなく、政党再編をするべきだ、それこそが大事だと小沢代表は言ったんです。

これに対し、自民党幹事長の中川秀直が「（次期参議院選への）敗北宣言だ」と言った。これはいかにも教養のない中川らしい発言でした。

村上　与野党共に、参議院選に取り組む姿勢が狂っている。そして参議院の諸君も同様です。きちんと整理して考えさせないといけない。それが我々の仕事です。

平野　日本の政治の最大の問題は、与党自民党にしても第二党の民主党にしても、政策や理念に捩《ねじ》れがあることです。

自民党の中で、右を向いていたり、左を向いていたり、はたまた南を向き、北を向いている。そんなバラバラな政策を持った議員たちが寄り集まっている。その捩れを解消し、考え方、理念が同じ方向に向いている政治家同士が、政党を作るべきです。政党再編を真剣に考える時が来ているんです。

私が期待しているのは、民主党を中心に野党が次期参議院選で勝利を収めて、死に体になった安倍政権、自民党の分裂を誘い、政界再編を仕掛けるというものです。

そして私のシナリオはこうです。政界再編のあかつきには、我々のこの参議院改革案を小沢代表に持っていき、改革を実現させる。抜本的な参議院改革が可能になるでしょう。

参議院の現職議員に、この本を真剣に読んで貰えればいいのですが。戦後一〇年間、参議院が機能していた歴史も若い参議院議員たちは学ぶべきですね。

村上 参議院は本当にこのままでいいのかを真剣に考えている若い参議院議員もいます。私の事務所には現職の若手議員がよく訪ねてきますが、彼らはいろんなジレンマを抱えています。

思うに、昔は汚れ役がいたんです。特にスキャンダルを追及する汚れ役です。社会党の中にも新聞マスコミ報道以外に、徹底して情報を集める議員がいた。そこに追及される側の怖さがあった。

今はそういう人材がいない。汚れ役になって審議を中断させるくらいの材料を持ちながらも追及しないのでは意味がない。

筆坂　どちらが追及されているのかわからない場合も多々見受けられます（笑）。
　これは最大野党の民主党の責任でもあります。本気で金権スキャンダルの問題をやるのであれば、民主党は数多くの若手議員がいるんですから、プロジェクトチームを作って徹底的にやるべきです。でも実際は週刊誌ネタのようなものしか持っていない。何か問題を追及する場合、一の矢は弱い矢でいく。すると相手は言い逃れする。次はもっと強い二の矢を出す。そして最後は三の矢でトドメを刺す、というのが鉄則なんです。ところが実際は矢がどんどん弱くなっていって、外れていく。
村上　偽メール事件のようにね。

参議院選挙を政局の具にするな

村上　結局、議会政治が成熟していないんです。今、衆議院はいけいけどんどんで法案を送りこんできているが、野党はこれに対抗する術がないのが現状です。だから参議院が良識と抑制という権能を果たすためにも力をつける必要があるんです。参議院選挙は与野党逆転しても政局にしてはいけないんです。参議院のあり方こそ根本から問うべきです。
平野　問題は自民党という政権党が、参議院選挙を前におののいているからです。おののくから、それを見てマスコミが参議院選を政局にしてしまう。

八九年、旧社会党の土井たか子委員長が「山が動いた」と言った社会党大躍進の参議院選があった。参議院で与野党が逆転し、そして海部政権ができた。

あの直前、自民党の梶山静六さんを中心に「社会党に政権を渡そう」という話が進んだことがあった。当時私も相談を受けましたが、私は「それはダメだ。政権を作るのは衆議院だ。参議院で負けたからといって政権を渡すのは筋が通らない」と言って反対しました。相反する理念を持つ政治家が利権のため一つの政党にこだわっていることに問題があるんです。

参議院選での敗北の結果で、政権交代するのはおかしい。そうではなく、後は参議院の運営の問題、政治的妥協の問題として捉えればいいだけだ。それを侵して政権交代なんかしたら、日本の議会制度は立ち行かなくなる、と説明しました。

この時に小沢さんと梶山さんが対立した。それ以降、二人の仲が悪くなったんです。結局、海部政権を作って二五年ぶりに両院協議会を開いた。八九年の一一六回国会において、与野党逆転の中の参議院が、八九年度決算を否決し、その結果の両院協議会開催でした。また翌年の九〇年、九二年、九三年も参議院は決算を否決したんです。

それでも当時の自民党はおののかなかった。しかし今の自民党はおののいている。負けたら安倍が辞めるのか、ポスト安倍は誰なのか、などという議論になる。それが小泉が壊したと称する抵抗勢力と改革派の対立ともクロスします。自民党の派閥争い、政局争いが、いかにも参議院選の争点のようになってしまっている。

筆坂　その最たるものが青木議員会長で、「勝てば安倍政権は続く」などと安倍首相を恫喝するなど、まるでキングメーカーのように振る舞っています。村上さんの時は、参議院選で負ければ責任を取って幹事長を辞めた。選挙で負ければ、参議院の大将がまず辞めればいい。参議院選挙で野党が勝ち、過半数を取ったとしても政権交代に直結するわけではありません。もちろん次の衆議院選挙につながる大事件ですが、政権交代ができるかどうかの本番は衆議院選挙です。これは憲法上、当たり前の話です。それをあたかも参議院選で負けたら政権がひっくり返るように大騒ぎするのは、参議院選をもてあそぶ議論です。たしかに法案が通りにくくなる、これまでの与党の数の横暴も無理になるでしょう。でも悪法など通らないほうが良いのですから、国民にとっては結構なことですよ。それを何か天下がひっくり返るように言うのは、典型的な国民不在の議論です。

村上　マスコミも面白いからワッショイワッショイとやるわけだ。しかしここは冷静に整理して、国民に説明しなければならない。それなのに野党も一緒にワッショイと乗っている。

どういうことかと言えば、自民党内がどう動くかとか、政権がどうなるかとか、ということではなく、成熟した議会制度を作っていく選挙にしなければならない、ということなんです。

というのも、私は、いま日本の議会政治の危機だと感じているからです。与党は、さあいけいけどんどんで何でもありになっている。特に衆議院は自民党、公明党で三分の二を超える議席を持っている。だから最後は多数決原理で強行するので、委員会、本会議の審議は形式的なものにすぎなくなっている。この結果、ある程度の時間をかけて審議したという体裁さえ整えば、数の力で採決、可決となっていく。

かつて与野党の国会対策関係者が行った血の滲むような丁々発止の議論の過程が見えてこない。与党も強行する場合には、それなりの苦悩があったもんです。私もその任にあったが、苦しみ、悩んだうえでの苦渋の決断が何度もあった。昨今、その任にある議員を見ていると、反対の立場にある野党に配慮する義や理、情があるのか疑問です。国会はプロセスが一番大切なんです。

小泉政治に象徴されるような〝我は法なり〟とでも思っているような無茶苦茶な力で押しまくるやり方を安倍内閣でもやるつもりなら、これは看過できない。

衆議院国対委員長は二階俊博氏だが、かつては小会派に属し、その悲哀を身をもって体験した人であり、野党の立場をよく理解できると思っていたが、そういうことが滲み出てこない。もう少し国民が納得できる国会運営がなされると思っていただけに残念だ。

国民投票法案は、それが顕著に示されたものです。しかし、思い上がりも甚《はなは》だしい。こうした状況を打ち破るには、「良識の府」、抑制の使命を持つ参議院で、野党が過半数を獲得することによって、衆参で与野党の緊張関係を生み出し、成熟した議会政治にしていかなければなりません。そのためにも与野党逆転を実現する。ここにこそ今度の参議院選挙の意義を見出すべきではないでしょうか。

憲法オンブズマン設立

平野　いくつもの改革案が出ましたが、新しい参議院はそれだけではダメだと思うんです。というのも新しい憲法を作るか、現行のままでいくかは別にして、今はあまりにも立憲政治というか憲法を無視し人間を無視し基本的人権を無視した政治、社会、経済が行われている。

たしかに現在は第三次産業革命の混迷時代だからかもしれませんが、マスコミ、特に読売、朝日、毎日をはじめ、地上波テレビなどマスメディアが滅茶苦茶です。社会の木鐸《ぼくたく》どころか権力の御用機関となっている。

ですから私は参議院に憲法オンブズマンというセクションを作ってほしい。憲法の原理を審理するオンブズマンみたいな機関を作ってほしいですね、これだったら今の憲法下でもできます。

そしてマスコミ、役所、内閣、衆議院、司法機関、一般企業に対しても、著しい憲法への違反があった場合、「憲法の原理を守れ」と参議院憲法オンブズマンが勧告する。社会に警鐘を鳴らす権限を参議院に持たせたいと思っています。それはこの六〇年間でなかった議論です。もちろん村上さんの事件も、私の言う憲法オンブズマンで議論する問題になり得る。

村上　そうです。司法においても一審、二審、最高裁があるにもかかわらず、それで九九・九%の有罪率なんて、他国から見れば日本はまだ野蛮国家、法的未開発国家だと思われてます。

ＫＳＤ事件で検察は、私が行った本会議代表質問（本会議演説）について刑事責任を問おうとしていますが、憲法第五一条は「両議院の議員は、議院で行った演説、討論又は表決について、院外で責任を問われない」と規定しています。国会がどこからも干渉されることなく、自由な言論、態度表明の場であることを保障するためです。今、検察がやっていることは、憲法のこの規定を蹂躙《じゅうりん》するものです。だから私は、立法府の自律権を干犯するものだとして最高裁に上告しています。

憲法発布以来、それぞれの政党・会派を代表して行う本会議代表質問が、議員の職務権限だとして請託に問われたことはない。これは国会の自律権を守る闘いなんです。ですから参議院に、憲法上どう問題があるのか議論する場を置くのはいいことです。例えば司法で言えば最高裁が最後の機関になっていますが、その上に提訴できる機関を参議院に置いたらいい。

筆坂　最近、最高裁が「裁判員制度」導入のＰＲと称して、大手広告代理店と七億円もの契約をしましたが、その中に「疑惑のカネ」の存在が指摘されています。もちろん七億円というのは税金ですよ。

では、こうした最高裁の疑惑は一体どこに訴えたらいいのか。どう考えても不条理です。

ですからその役割を参議院が持てばいい。

平野 当初は世の中に警鐘を鳴らすだけでもいい。テレビのヤラセ問題などもね。

村上 三権分立などというけれども、国会が我が国の最高の意思決定機関なんだから、参議院の中に憲法オンブズマンを置けばいい。

平野 となると今の議員じゃ無理ですね（笑）。

著しく憲法の原理に外れるのだったら、会社でも個人でも国でも世の中に訴えるという権限を持つことは参議院の役割としても大切です。

筆坂 大賛成ですね。

平野 大所高所から物を判断できる、見られる人を一〇人くらい集めて委員会を作る。「憲法オンブズマン」という命名でいいですね。参議院の憲法オンブズマンでこんなことが議論されていると国民に対して問題提起ができると思います。「やはりおかしいよ、まずいよ」という世論作りです。見識の高い議員以外の人物を数人顧問として置くことも必要だ。

マスコミのやりたい放題にも警告が必要です。だいたい今のテレビは本当にくだらないものが多すぎる。電波がもったいない。

筆坂　捏造問題など論外ですが、それにしても公共の電波を使って流さなくてはいけないことかと常日頃感じます。特に民放が酷い。吉本興業の漫才師や幹部が広域暴力団山口組と関わっていたということが明るみに出てきていますが、その吉本興業の芸人が、とはいっても芸のない人が多いですが、テレビを席捲している。酷い話ですよ。細木数子の占いだとか、江原啓之の霊界話とかも、公共の電波を使ってやることではない。

まだＮＨＫのほうが見るべきものがありますよ。民放のゴールデンタイムなんて、どこを見たって同じようなタレントとお笑い芸人しか出ていない。

村上　テレビが本来持っている「権力をチェックする」という機能を果たしていない。検察権力や司法に対してもチェックする機能がない。人権問題にしてもそうです。

筆坂　特に検察はマスコミにとってアンタッチャブルな存在になっています。ビビっている。あそこは触れてはいけないという自己規制です。東京地検特捜部といえば正義であるかのような報道がなされている。それはとんでもない話で、検察は月光仮面でもなんでもないんです。

司法に関して言えば最高裁の判事にしても内閣からの任命です。本来司法、立法、行政はそれぞれ独立していなくてはいけないのに、現状は完全に行政の付属物になっている。

村上 検事も一行政官ですよ。その一行政官が私の取り調べの時に、時の総理大臣のことを「あいつは馬鹿か。あんな馬鹿な総理をつくっておまえは責任を感じないのか」なんて言うんだよ。

平野 村上さんは責任を感じてるんでしょう（笑）。

筆坂 村上さんの失敗は森喜朗氏を総理にして、青木氏を官房長官にして、もう一度参議院の幹事長に戻したことです。この責任は大きい（笑）。村上さんの大失敗だ。

村上 検事の言葉にはムッとしたけれど、検事の言葉にも少し説得力を感じたのも確かだな。普通だったら、一行政官の分際で総理に何事か、取り消せ！ となるはずだが言い返せなかった（笑）。少し考えて、検事の言っていることも一理ある、こんなことで目くじらを立てることもないと思ってしまった。

平野 普通の人はそう思っているということですね。

委員会、審議会を改革する

平野 では〈国会の委員会・政府の審議会〉について議論を進めましょう。

参議院を一五〇人以下にすると、どういうことが起こるか。それは今ある委員会の数が多すぎるということになります。現在の各省庁に合わせた委員会でなくてよい。大きなテーマの枠での委員会でよい。

筆坂　あれほど多くの委員会は不要ですね。また審議のあり方を抜本的に変えるべきです。衆議院と同じようなことを再び参議院でやる必要はない。

平野　細かいものは小委員会でやればいい。そして問題のない法案は委員会審議せずにすぐに通せばいい。そして基本的に問題があるものは徹底的にじっくり審議すればいい。

筆坂　その通りです。各党が賛成している法案で、特に質問することがなく、質問するのに困るような法案があるのに、質問をしないと審議権の放棄だなどといって、無理矢理質問している。無意味な形式主義です。議会には、こういうことが多すぎます。

平野　もうひとつ運営に関する改善策として、会派ごとに時間を割り当てるのを止めたほうがいいと思います。原則一人の議員に十分に質疑できる時間を与える。「大体五分で」なんて、失礼というか、それこそ審議権を無視した時間設定です。人権無視です。最低、一人一時間は必要でしょう。

村上　大切な議案は何日も時間をかけて議論してもいいんです。

筆坂　理事会に行ったら、「本当は四分なんですけど」と言われたこともありました（笑）。

参議院は大事な問題をじっくり審議するべきです。野党だって法案を否決することが仕事ではない、問題のないものはすぐに賛成します。

村上　審議権はきちんと確保したうえでね。

平野　しかし否決すべきものはきちんと否決する。また現在は政府が多くの審議会を抱えています。審議会は政府のかくれみのだ。政府審議会をなくして、それを参議院に持ってくるといいと思います。政策提言の機能を参議院に持ってくるのです。各委員会で小委員会がやればよい。

これも参議院が政党や政局と距離を置き、独自性を保っていることが条件でしょうね。

村上　郵政の時には、片山幹事長と青木会長が、「参議院では否決も、修正もしません。ただ総理は懇切丁寧に答弁してください」と小泉首相に懇願した。これほど参議院にとって屈辱的なものはありません。

筆坂　参議院は、時の内閣の下僕ではないんですから。

憲法改正された後の参議院改革

平野　もうひとつの角度として、憲法を改正して参議院を大改革する際の参議院のあり方を議論してみましょう。筆坂さんの立場として憲法改正はないのはわかりますが（笑）。

1　会計検査院は参議院の付属機関にする。

2　決算は政府が報告するものではない。国会の意思が最終的なものであるから、決算は議案である。

もし憲法を改正した場合、決算で違法なものがあれば内閣の責任を明白にする。

3　憲法院として、憲法オンブズマンの設置。

最高裁にでも対等にものが言えるようなパーフェクトなものにする。

4　日本の民主主義と立憲政治の原理を参議院が担保する。

そうでなければ滅茶苦茶になりますよこの世の中。昨年二月に小泉が「どの時代にも格差がある」と発言して、小沢民主党代表のことを社会主義者だと言いました。しかし「社会主義者でどこが悪い」と小泉に言ってやればよかったんです。社会主義でも共産主義でも良いところは良い。

筆坂　誰も小沢さんを社会主義者とは思わないでしょうが、資本主義は社会主義の政策を取り入れて生き延びてきたということを小泉さんは知らないのでしょう。修正資本主義という言葉は、財界人の集まりである経済同友会が作ったものですよ。

平野 今はそれもなくなってファシズムを取り入れて生き延びているわけですか？ 相当危ないですよ。勝手な民主主義というものは。

筆坂 小泉害悪ですよ。もうひとつは、小泉政治のもとで、財界人が臆面もない要求をしてくるようになってきたことです。安倍首相が「美しい国」と言うと、まるで下の句を作るように経団連の御手洗冨士夫会長は、「希望の国」と言う。偽装請負までやって、若者の希望を奪ってきたのはキヤノンじゃないか。偉そうなことを言う前に、大量の派遣や契約社員、パート労働者、失業者の雇用をなんとかしろ、と言いたい。この現実こそ、日本の危機そのものなんですから。

もちろんこれまでも、財界は政治献金の見返りにいろいろな要求をしてきました。それでもまだ、今よりは分をわきまえていた。政治家のほうが偉いというのではない。財界人も社会に貢献しています。だがどんなに金儲けが上手であったとしても、選挙の洗礼を受けたわけではないんです。そこが政治家との決定的な違いです。政治を担うのは、主権者国民から負託を受けた政治家なんだという議会制民主主義のイロハを自覚してもらいたい。

村上　しかし現在において、政治は経済界の下僕になっている。それは小泉以前からもありましたが。

筆坂　しかし小泉によってその建前すらわきまえない財界人が出てきた。選挙で選ばれている政治家が国民の声に耳を傾けないなんてあり得ない。けれど財界人は金儲けが目的であって国民の機嫌を伺う必要はない。そこが財界人と政治家の決定的な違いなんです。自民党は献金を受けとってもいるでしょうが、しかしそれでも財界人は政治家を立てていたが、今ではその堰《せき》が崩れてしまった。

村上　いや、それは違う。前の奥田碩《ひろし》会長（トヨタ）だってそうです。

筆坂　奥田会長も小泉時代の経団連会長ですから。

平野　だからこそ憲法オンブズマンが必要なんです。

村上　戦後、日本は経済力を付けていくために、政治も経済優先で財界人のシモベになって、使い走りをしてきたんです。そのことに対する政治家の責任はあります。財界人に物を言い切れなかった。こうあるべきだ、とね。

トヨタの傲慢ぶりもそうです。例えば歴史教科書や靖国参拝問題等にも介入してきて、中国との経済交流を政治問題よりも優先させるわけです。これに政治はついていく。そう考えてみると筆坂さんのおっしゃる通り、もちろん経済人も考えなくてはならないでしょうが、政治家こそが先に立って財界との関係、問題について大いに反省すべきです。

平野 アメリカでは大財閥のロックフェラー三世と四世とで意見が対立するという現象が起こっています。三世は直系ではないが彼はブッシュを後押しして、戦争を仕掛けて共和党と協力していく。

一方の四世は、投機中心の資本主義ではダメだ、実業がなければアメリカ社会は崩壊すると主張し、多くの人たちから賛同を得ている。現在、アメリカの民主党が優勢になっている裏には四世の影響力が大きいという事情もある。

しかし日本の財界にはアメリカのような動きはまだ起こっていない。今でも竹中路線でひた走っています。

筆坂 民主党が御手洗会長を国会に参考人として招致するよう要求したのは良いことです。国会こそが財界に対し権威を示し、諫《いさ》めなくては。財界にひれ伏す政治ではいけない。

村上 小泉時代もそうですが、竹下登さんの時も同じだったね。

平野 同じですが、あの頃の財界人はまだ懐が深かった。奥ゆかしさがあった。健全な資本主義を保つには常識的でなければならない。

筆坂　反動は必ず来ます。

平野　格差問題なんてまさにそうです。竹中平蔵はまずかった。しかも参議院議員を辞めてしまった責任は大きい。

村上　あんなのを入閣させてはいけなかった。

平野　安倍首相が八方塞がりになっているのは以前の自民党プラスアルファ路線にするのか、それとも小泉―竹中路線でいくかで股を裂かれているからです。

村上　独自色でいけばいいんです。独自路線を打ち出せるブレーンを作るべきです。

平野　独自色なんてないでしょう。竹中の参議院議員辞職は、参議院にとっては大問題です。自分勝手というか、それ以上に議会制民主主義の最たる破壊者です。国民に選ばれ、議員になったのに、それを自ら放棄するとは。

村上　竹中は意識としては、国民ではなく小泉に選ばれたと思ってるんだよ。だから平気で国民を裏切れる。

平野　彼の学んできた学校教育、家庭教育は一体どうなっているんだと憤ります。人間としてどうなっているのか。人間失格だと言いたい。私はかつて竹中に向かって「あなたのは曲学阿世だ」と言ったら真っ青になっていたが、ある学者に「あなたはまだ甘い」と言われました。「竹中は曲学とも言えない。もっと悪い」と。参議院を自分の収入か面子か、あるいは特殊な事情があったのか知らないが道具に使った。

こんな人間が議員を辞めた今でも、日本の有識者として講演したり発言するのは不条理だね（笑）。

参議院は首班指名に参加しない

平野　少し議論を戻しましょう（笑）。憲法を改正して参議院改革をする際、大切なことはまだあります。

〈総理大臣の指名に参加しない〉。総理の指名は衆議院だけでいい。これは憲法を変えないと不可能です。その代わり、憲法院のような形で衆議院や内閣を監視していく役割を明記する。

そして〈参議院からは国務大臣を出さない〉。これは憲法を改正しなくてもできます。

筆坂　内閣が選ばなければいい話ですからね。選ばれても辞退すればいいだけの話です。

平野　議長、副議長は今のままでいい。

そして委員会は絞る。衆議院と同じような委員会は必要ない、必要のない審査はしない。

憲法改正後の議案の権限も、「否決」「可決」「修正」は同じでいい。
新しく作る憲法院ではフランスの憲法裁判所を参考にしたらいいと思います。今の日本の裁判所は条文の憲法違反を判断するということはないんです。ですから違憲立法審査権ですね、これを参議院にさせる。衆議院から送られてきた法案が違憲かどうかを審議するのです。違憲立法審査権のような権限を憲法院に持たせる、あるいはそれを最高裁に提訴する権限を持つとかね。
参議院は総理大臣指名をしないので、こういった権限を持つようにするという案です。

筆坂 最高裁の判事だって内閣が任命するくらいだったら、国会が選ぶとかね。

村上 選挙の時に○×を書かせるなんて方法を、国民はなぜ怒らないのか。完全に形骸化しています。即刻止めたほうがいい。

平野 そうですね。また弾劾裁判所とか、検察適格審査会なども参議院の憲法院に持ってくるといいと思います。

三年ごと半数の改選はダメ

村上 私は国会と内閣において、きちっとした参議院の位置づけをしなくてはいけないと言ってきた。

これは私と平野さんが提言した参議院改革の六番目の〈参議院は国の重要案件を中心に審議〉ということです。参議院は外交、防衛、教育といった国家の根幹を成すものに軸足を置くべきという考えです。特に参議院は、国の長期的視野に立って議員外交をどんどんやるべきだ。利権や覇権を求めるような外交は断じて排さなければならないが、その国の「地の塩」となるような外交をやることは、巡り巡って国益にもつながる。私はこのことを参議院自民党の国対委員長、幹事長、議員会長時代、若い人に常々言ってきた。

あの国のことならあの人に聞け、この国のことならこの人に聞け、といわれるぐらいの議員外交をやって良き友人を諸外国につくっていくために、外国にどしどし出かけて行くべきだ。こういう仕事を六年という任期が保障された参議院議員が積極的におこなっていくことが大事だ。

もちろん通産も大蔵も農水も大事ですよ。かつてはこの三つは重要ポストと言われ地位が高かった。これらの大臣になる人は実力大臣だった。そしてこのポストには政務次官が衆参から二人置かれていた。他の役所の参議院の政務次官なんて、衆議院の残りカスが回ってきただけですよ。

しかしこれではいけない。特に外務です。外務に政務次官を一人ではなく二人置けと主張しました。

それから内閣の中心で参議院の機能を生かすために官房副長官を二人置き、一人は参議院から出すようにと言って、橋本内閣の時に改正法案を出した。しかし衆議院から一度は反対されました。その後、小渕内閣で施行されたんですが、これも参議院が頑張ってこの法案を通したからです。それで二人制になった。とにかく内閣は参議院のことを知らない。法案を可決するためにも、官邸が与野党会派ともっとパイプを太くしなくてはいけません。

参議院選挙について言えば、参議院選は政局にしてはいけないと思う。本来参議院は長期的に腰を据えて国家の根幹に関わる問題を審議する場です。

しかし三年ごとにある選挙という制度が、落ち着かなくしている。さらに言えば、三年おきの選挙だからこそ政局になってしまう。ですからこれを改めて、〈任期六年として一括で選ぶ〉選挙制度がいいと思う。

この改革案は参議院に長期的視座を持たせることにもなります。

筆坂　政局を参議院選挙の争点にしてはならないというのは大いに賛成です。

自民党から見れば守り、民主党から言えば攻めの選挙で両方が政局論をやっていてはダメだ。過半数がどうのという喧嘩ではダメ。参議院は一度郵政で殺された、そして参議院自民党は自殺行為をした。

ですから「こんな参議院でいいのか」「今後どうあるべきか」をすべての政党が、野党も含め、今度の選挙では正面から掲げて問うべきだと思います。我々の目指す参議院はこうです、と国民に問う。

郵政国会で「自民党など壊れてもいい。一から出直しだ」と言っていた人間が、自分が非公認で壊されそうになったら、慌てて忠誠を誓っちゃった。参議院の自殺行為を先頭になってやった政治家に対して、審判を下すべきです。

村上 自由民主党は硬直してしまっている。安倍内閣を信任するのか、しないのかという前提で今度の参議院選を闘おうとしている。しかし、今や参議院の存在意義そのものが問われている。この自覚がなく、勝った、負けたで安倍を辞めさせるかどうかという議論ばかりしている。

これを打ち破るためにも、野党は志を高く持ち、挑んでいかないといけない。自民党と同じ土俵で勝負をしていたのでは選挙にも勝てないし、参議院は変わりません。

平野 その通りです。ただ、今の状況を見ていますと参議院選は政策の論争になりつつある。それは格差と政治と金の問題があるからです。特に政治と金の問題に絞って言えば、国民にとって選択しやすいテーマになりつつある。このように国民の選択の結果、政局になるのはやむを得ないことではあります。政治ですから。

筆坂　それはその通りだ。

平野　参議院がいかにあるべきかが参議院選のテーマにならないのは、やはり一番の原因は自民党にあります。参議院自民党は参議院を変えたくない。だからそのあり方を議論させたくない。これが根本原因です。

ただ情けないことに第二党の民主党もそれを突き破るエネルギーがない。正直に言って衆議院の自民党と民主党との関係とは違って、参議院は与野党の仲良しクラブのようになっている。自民党と同じで、民主党も参議院を変えたくないという感じです。

我々が語るような参議院改革がもし現実化したら、現職の参議院議員でやっていける議員はほとんどいない。だから自分の保身ばかり心配している。

筆坂　たしかに自民党の責任は大きいけれど、参議院民主党の責任もあると思う。

五五年体制時代は政権を目指さない野党・社会党が第二党にいて、政権与党は自民党に決まっていたわけです。自民党と社会党は地下金脈で繫がる関係にあった。

しかし現在は二大政党化が進んで、衆議院では自民党と民主党の間にはきちんとした緊張状態がある。政権交代を本気で目指している。今、自民党と民主党の間で裏金のやりとりなどがあるなんて考えられない。もしあったら、それこそ命取りです。

しかし一方の参議院はというと、はっきり言ってヌルいんです。参議院民主党はヌルい。私が現職の時、衆議院の民主党と参議院の民主党はまるで別の政党のようだと感じました。

平野　その頃、私は自由党でしたからね。そして共産党とべったりだった（笑）。

筆坂　まったく（笑）。

参議院はかつての五五年体制の悪弊がいまだに残っているんです。そういう意味でも参議院自民党は悪いんだけれども、自民党に取って代わって本気で政権を取るつもりなら第二党の民主党の責任も大きい。第二党の気概を今度の参議院選でこそ示さないといけない。

平野　民主党の責任に関して言えば、菅代表が辞任した〇四年の年金制度改革法案の際、参議院は冷静な国会運営をやればこれを潰せていたはずだった。大体、「一〇〇年安心」などという大法螺《おおぼら》を吹いた法案でしたが、審議を通じて出生率など前提条件が次々と崩れていった。しかし最終的に当時の民主党国対委員長が青木さんに丸め込まれてしまった。

村上天皇と言われていた頃の参議院もやはり村上さんに丸め込まれていましたが、政治や政党の急所になる部分には村上天皇でも触れなかった。むしろ我々野党が堂々と抵抗して堂々と反論すれば、きちっとその部分の配慮はしましたよね。やっていいことと悪いことの分別はできていた。それが現在の青木さんの場合とは大きく違うんです。

村上　限度はきちんとわきまえていました。我々の今の議論で言えば、たしかに改革後にいまの現職の議員はほとんど残らないでしょう。だからこそまず器を、参議院という器を変えなければいけない。器を変えればその中に入ってくる人材も違ってくるわけです。よくないものを排除するためには、それに見合った参議院という器を変えなければいけない。

施政方針演説の衆参一本化

村上　私はこれまでの改革案にプラスして国会冒頭の施政方針演説の衆参一本化を提案してきました。

参議院改革のひとつとして、総理の施政方針演説を衆参一本化すべきだとずっと主張してきました。総理はまず衆議院において演説しますが、その時には参議院側に原稿が回ってきてどんな演説をするかわかっている。ですから参議院で同じことをする必要がない。

筆坂　衆議院での演説をテレビで観ていればわかる（笑）。実際、みんなテレビを観ているんですから。

村上 衆議院での演説が終わるとすぐに総理が参議院に来るわけですが、その演説は一字一句違わない。一字でも違うと「参議院軽視」と言って怒る（笑）。そんな施政方針演説だったら衆参一本にしろ、と主張してきました。

平野 アメリカ大統領の一般教書演説は上院下院合同でやりますよね。

村上 でも日本では衆参を一堂に集める「場所がない」という理由で一本化されない。それなら傍聴席を使ってもいいじゃないかと思いますね。

平野 参議院でやれば足ります。椅子を入れればいいことです。いや立っていてもいい。アメリカは議員が立ってますよね。

村上 天皇をお迎えして国会召集の勅書をお読みいただく時は参議院でやるんだから。その時は衆参一本です。また、国賓の国会演説の際も衆参合同で行い、衆参本会議場のどちらかを交互に使っています。衆参一緒にやれば熱気も出る。大体、参議院での施政方針演説なんてみんな寝てる。シーンとなっている。ですから代表質問するほうも、喋るほうも新鮮味がない。ただ一字一句間違ってはいけないと思って読んでいるだけです。感激もなければ感動も生まれてこない。新年度の国会への意気込みも出てこない。私はこれをずっと言い続けてきたのですが、しかしこんな小さなことさえも実現しない。憲法上どうだとか言われたので、国会法でできると主張しました。

もしこれが実現すれば、演説が一度で済む総理は喜ぶでしょう。歴代の首相である橋本龍太郎や小渕恵三も乗り気だった。それで森内閣になって今度こそはと思っていたら、私が逮捕された（笑）。その後、誰もこの問題を取り上げない。

筆坂　村上さんの提案・意見にすべて賛成というわけにはいかないが、これは大賛成です。総理だけではなく、二度聞くことになる参議院議員だって本当は喜ぶんじゃないですか。それと参議院の本会議は出席率が高いことも村上さんの功績ですよ。参議院は定数二四二人のうち二二〇から二三〇人は出席していました。衆議院の本会議場なんてガラガラです。半分もいないこともある。

これは村上さんが幹事長時代から各党にものすごく厳しく言ったからです。「むやみに議員を欠席させるな。本会議場に出て議員の責任を果たせ」と。自民党の村上さんの意見だからといって反対する理由がない。出席するのが当たり前なんだから。ですから参議院本会議の出席率は今でも高い。衆議院なんてはっきり言って定足数足りてないんじゃないかと思うこともあります。

永田町ヘドロ論

村上 永田町というのはもともとヘドロのようなところです。しかし私はヘドロの中でも蓮の花は咲くと思っていた。信じていた。蓮の花は清流には咲きません。ヘドロの沼に綺麗な花を自分自身で咲かせてみようと思っていた。それがまさかヘドロの中に埋没させられ蕾《つぼみ》を切られるとは思ってもみなかった(笑)。

平野 最近恐ろしいと感じるのですが、今の国家公務員、または司法試験に合格した連中、いわゆるエリートたちは、日本の歴史や世界の歴史、社会や国の仕組みを知らないんです。小学校六年の社会科授業で国会見学に来るだけ。後は受験勉強ばかりで人間として大切なことは教わってない。しかも多くの高校は「必修の歴史」を偽装して教えていない。

そんな連中がエリートになって国会議員になっている。そして陳腐なことばかり言う。財務省の官僚や検事などもそうです。憲法の原理なんか一切わからない。言葉になる、試験に出るなどの形だけのものしか知らない。

欧米は幼児教育からこうした国の仕組みや歴史を絵本などで教えます。誰がギロチンにかけられたとか、乱暴な政治をして国が乱れた、議会を廃止しようとした指導者を牢屋に入れた話など国の政治の悲劇を教える。子供の頃からそういった教育をしていますから、議会に対する認識や投票への意識が日本とはまったく違う。

右派の政治家の多い日本会議の憲法シンポジウムに出席した際に驚いたのですが、ある若手議員が、新進党を離党した理由を「国会議員には国民を代表するという役割と、国民を教育指導するという両輪がある、と平野さんが言うから我々は分かれたんだ」と、こう言ったんです。

要するに彼らは「代表する」という機能しか考えていない。しかしそれだけでは一種の御用聞きやパフォーマーになるだけです。有権者にとっては知りたくないかもしれないが事実を告げ、我々が議論したことを国民に教育指導し、またさらに国民の意見を汲み上げる。この二つの機能があるということを有名大学を出た連中がわかってない。

それとみのもんたと田原総一朗と竹村健一らのテレビでの態度は日本社会にとって問題だ。それこそ憲法オンブズマンで警告、警鐘するようにすればいい（笑）。

彼らにしても自分の信念と理念で権力を批判し、褒めるのであればいい。しかし実際は権力にべったりで、裏で密会して馴れ合って、無能だとわかっている政治家に対しても太鼓を叩いているだけだ。信念や見識がない。

筆坂 村上さんは自民党参議院の幹部、私は政権の座に就くことのない共産党という小さな野党の議員でした。私は政党やその地位によって政治家の志もおのずから違ってくると考えています。しかし、どの党であろうと国民から選ばれたのは同じです。政治家はその誇りや矜持をもっと持つ必要がある。そのために政治家にはいろいろな特権が与えられているわけです。

ただ政治の世界というのは、なかなか難しい世界だと思います。村上さんが言われるように、たしかにロマンの世界でもあります。同時に、つかみどころがない世界でもあるように思えます。「ものつくり大学」ではありませんが、ものづくりは、そこに形があります。手でつかみとれるものがあります。その意味で「たしかな世界」なんです。

しかし、政治の世界というのは、法律を作ったり、予算を決めたりしますが、「抽象の世界」なんです。ですから本人は、国民のために、国のためにと考えていたとしても、そうではない結果を招き寄せることもある。そういう世界ですから、空気は澱《よど》み、ヘドロも溜まるんです。そして、いつの間にかその澱んだ空気やヘドロに抵抗感がなくなってしまう。一歩間違えば、大変恐ろしい世界だということをすべての国会議員に自覚してほしいですね。

第七章

政治改革の本丸は参議院の大改革

金持ちと権力者の子供は指導者に育たない

平野　テレビの討論番組は増えましたが、司会者や評論家だけでなく政治家が、これは自民の若手に多いんですが、ディスカッションの方法を知らない。だから話が噛み合わない。安倍首相にも言えるけど、参議院の山本一太、世耕弘成、林芳正、そして舛添要一などもそうです。自分に都合のいい理屈ばかりこねて、客観的事実を意図的に曲げるなど本当の討論、討議の噛み合わせがわかっていない。頭だけは回るからベラベラ喋るけど、あれではディスカッションにならない。むしろ官僚出身や松下政経塾出身の民主党の若手のほうが、人間としてはどこか足りないところがあるが、ディスカッション力はあります。しかし自民党若手の論理力、ディスカッション能力は著しく悪い。

村上　自民党の場合、部会や朝食会・昼食会で議論しているというけれど、若い連中が発言できるような雰囲気ではない。ですから訓練もされていない。それと単発の意見を述べるだけで、議論が後に続かない。「私はこう思う」と言っても部会長が「いや、そうじゃない、こうだ」と押さえる。さらに発言しようとすると「若い者が何を言っているんだ」とやる。するともうそれ以上言えない。訓練されていないんです。派閥の中でも黙々と先輩議員の話を聞くだけです。部会も委員会もそうなる。

さらに部屋に帰ると、自民党の議員はわりあい秘密主義のところがあるので孤立しており、単独行動が多い。昔のようにワイワイ飯を食う仲間もいない。赤坂あたりで一人でうろちょろしている。

筆坂　私など外から見ていると、自民党議員というのは連日朝食会に出席し、談論風発の議論をしていると思ったもんですが、そうじゃないんだ。

平野　スナックやカラオケじゃ訓練にならない。理屈を羅列するだけで、論理性が一切ない。また官僚出身の自民党議員の思考の硬直にも驚きます。憲法調査会でも教科書に書いてあるようなことしか言えない。自分で考えていないんです。

かつて村上さんが憲法調査会の会長だったとき、「条文でなく本質論を言え」と一年ほど言い続けましたが、結局出てこない。技術論しか出てこないんです。憲法調査会に学者を何人も呼びましたが、これまたレベルが低かった。

村上　憲法調査会での話をしますと、私は「国会を出て各地方に行って、いろんな人、専業主婦や農業、漁業をやっている人、また職人や中小企業の人たちともテントを張ってディスカッションしよう」と提案したことがあります。公聴会ですね。これは結局実現はしませんでしたが、やはり憲法問題にしても学者の意見ではなく、国民の声を聞くべきです。

実際生活している人の声を集約してから学者に聞けばいい。
共産党が言うように生活に根ざした、生活に生きた憲法それが必要です。特に家族のあり方や農業を守っていくためには憲法をどうしたらいいか。これは環境問題にも繋がっていく。

平野 同感です。別の言い方をすれば憲法とは条文だけではない。
日本をどういう国にするか、何を憲法の柱にするかというコンセンサスは必要です。一〇〇%とはいかないまでも六、七割くらいの国民の理念的共通の基盤がないと新しい憲法なんか作れません。

筆坂 憲法については、私もいろいろ意見がありますが、今の議論を聞いていて思うのは、なぜ今改正なのかという一番肝心な点に説得力がない。例えば安倍首相は、「戦後レジーム（枠組み）を変える」と言うけど、戦後レジームとは何か、サンフランシスコ体制・日米安保体制だって戦後レジームですから。そのどこが問題なのか、それをどう変えるのか、肝心要のところで説得力がない。お祖父さん（岸信介元首相）の悲願だったというのではねえ。

村上 政治家が国民の生活に密着した憲法を考えられない。ここから二世三世の政治家の問題も見えてくる。世襲政治家に政治を任せていたら日本の政治はダメになる一方です。もう一度、明治維新まで遡って考えて、かつて新しい日本を作った若者たちと同じ志を持った、草莽《そうもう》の志を持った若者が政治を担う仕組みを作らないといけない。そのためには今のシステムを壊す必要がある。現状は、この人が死んだらあの人、あの人が引退したらこの人と次がちゃんと決まっている。それが二世三世なんです。石垣のように積まれた組織の中からは人材は出てこない。

平野　安岡正篤さんも言いました。「金持ちと権力者の子供は指導者には育たない」と。やはり苦労した人間でなくては指導者にはなれない。教育の再生なんてバーチャルなことをやっていてはダメです。

筆坂　アメリカのブッシュなどその悪しき見本ですね。教育再生会議なんて、四方山話《よもやま》みたいじゃない。教育は国家百年の計ですよ。どんな人材を作るか、どういう子供を育てていくかという大切なことを三、四回集まって話すだけなんて。教育はそんな簡単なものではない。これまで積み上げてきた歴史もあるし、教育の専門家も日本にはいっぱいいる。その英知を結集しないで、落語家の未亡人などを集めていたのではね。まあ集まっている人をどうこう言うつもりはありませんが、これでは教育再生なんて無理でしょう。教育は人づくり、国づくりの根幹なんですからもっと地道に、もっと真剣に取り組むべきことです。さらに言えば、教育こそ政争の具にしてはいけない。

平野　その通りです。教育、人権、宗教はね。それと教育には借金してでも必要な経費をかけなくてはいけない。明治政府なんて外国から借金してまで義務教育を整備し、各地に中学校、高校、大学を作ったんですから。それなのに今は年々、予算を絞って絞ろうとしている。ですから新しい参議院では教育のあり方をテーマとすべきです。

筆坂　長期的視野に立って考えなくてはいけないものですからね。教育、安全保障、外交。今日話し合って明日決まるようなものではない。長期的視野で議論をするために参議院は六年という長い任期があるんです。衆議院の役割ももちろん大切です。しかし参議院は大所高所に立った議論が大事なんです。

村上　雨が降ると川の表面はさざ波が立ち、塵、芥が流れていきます。そういった表面的な諸問題の処理は衆議院がやることです。これも大事ですが、しかし参議院は雨や雪が降ろうと、嵐がこようと、表面が凍結しようと揺るがない一番底の滔々《とうとう》とした静かな流れです。これを「底筒之男神《そこつつのおのかみ》」といいます。参議院は悠々と大海に流れていくこの「底筒之男神」になるべきです。

川の表面が荒れ狂っている様は「上筒之男神《うわつつのおのかみ》」といいます。嵐が来るたびに大変だ！ということになりますが、こちらは衆議院の役割です。「底筒之男神」とは永平寺の道元研究家である田中忠雄氏から伺った言葉ですが、混沌とした政治の秩序を整え、浄化する役割を果たしていくべきです。国民生活を守り、国の進路の根っこの部分で誤りなきを期す、ここに参議院の役割があるはずです。

平野 「参議院よ、底筒になれ」ですね。村上教ですな（笑）。

参議院は「失業対策の府」

村上 今度の参議院選挙では、衆議院で落選した連中が堂々と参議院選に出てくるでしょう。それでは参議院も衆議院も変わらないことになってしまう。落選した元衆議院議員の受け皿、失業対策・敗者復活戦に参議院はなっているのではないか。各党にしても候補者の単なる受け皿として参議院を捉えているのではないか。

ましてや今回、自民党は郵政問題の禍根があります。衆議院の造反・当選復党議員には誓約書を書かせて党に忠誠心を誓わせ、落選組は復党させないと国民に明確に約束した。ところが岐阜では造反・落選組の藤井孝男さんを参議院選で自民党が推薦するという。

これはおかしい。もともとこの人は参議院にいて衆議院に移った人です。参議院では総理大臣に立てないから衆議院に行く、と言って実際、総裁選にも出た。総裁選では落選した。その後の郵政選挙でも落選した。それで、もう一度衆議院にチャレンジするのならわかります。しかし今回また参議院に戻るとはどういうことか。総裁になる志を捨てたのか。節操がなさすぎる。こんなことを許していいのか。

筆坂　同じく郵政造反落選組の衛藤晟一の自民党復党問題はもっと性質《たち》が悪い。だって復党の理由が「安倍のお友達だから」ですよ（笑）。

当初、幹事長の中川、幹事長代理の石原伸晃なども復党には反対だった。しかし安倍首相が珍しく強権を発動して復党がかなった。そして参議院選の比例代表候補です。

村上　これもひどい話で、彼は大分が地元だが、ここで彼が比例票をとると公明党の比例票が減るというので公明党が文句をつけ、地元大分での活動はしないと約束させ福岡に現住所を移した。ところが、それでもまだ大分に近いというので今度は東京に引越しさせた。故郷を捨てさせ、支持者を捨てさせる。自民党、公明党は有権者をまったく無視した、野合をやっている。滑稽《こっけい》と言うしかない。

筆坂　もうひとつ問題なのは、本来なら参議院で造反した議員も、当時の自民党の原則でいうなら除名すべきでした。今回の参議院選だって公認を受けられないはずでしょう。衆議院選では刺客候補まで出して造反議員を排除したのに造反参議院議員はお咎めなし。

これはなぜかというと、参議院で過半数割れしたら大変だからです。だから今度の選挙でも造反参議院議員が自民党の公認で何人も出馬する。

衆議院の復党組を誓約書問題で晒し者にした中川秀直幹事長は、今回の参議院選にあたり、きちんと国民に説明する義務があるはずです。

「この候補者は自民党に造反しました。本来なら除名ですが、参議院自民党の人数が少なくなるので、党利党略で除名しませんでした。今回の選挙で公認をすべきではないが、他に適当な候補者がいないので仕方がないんです」と。

造反議員に対する対応が衆議院と参議院では百八十度違う。党としての筋が通っていない。

平野　北朝鮮の国会と変わらないですね（笑）。

安倍政権と中川幹事長

村上　中川幹事長の閣議に対する発言も愚かしいものです。

「総理が入室した時に起立できない、私語を慎まない政治家は内閣、官邸から去らなければならない」「忠誠心なき閣僚は去れ」

私はこの発言に関して大きな疑問を感じています。彼が閣僚を叱るなんて、何を思い上がってるんだと。

平野　中川だけには言われたくない（笑）。

村上　一連の中川発言はあまりにひどい。同じ言い方をしても、発言する人、場所、時によって、とらえ方は大きく異なってくるということを踏まえていない。講演会という多数の人が聞き、マスコミもいるという最悪の場所で、最悪の人が喋ってしまった。

筆坂　小賢《こざか》しい。今回、一番貶められたのは安倍首相に他ならない。閣議すら仕切れない、求心力を持っていないことを側近中の側近である幹事長が言ったも同然です。彼は閣僚を引き締めるつもりだったんだろうけど、一番傷つけられたのは安倍首相です。

郵政の議員復党問題も同様です。中川が巻き起こした「誓約書を書け、書かない」騒動は復党議員を世間の晒し者にしただけでなく、安倍首相の指導力や決断力の欠如を喧伝したようなものです。結果、何が起こったかというと自民党そして安倍内閣の支持率の急降下です。もう少し目先がきく人間と思ったが、小賢しいだけです。戦略がない。

村上　森元首相と同じタイプですな。

平野　政治と金の問題も一番難があるのは彼です。広島に親父の作った財団法人があって、自宅も事務所もそこから借りている。大変脱法的というか――。

村上　「忠誠心」などという言葉をよく使うが、一体何に対する忠誠心なのか。復党問題にしても「忠誠心を持たなければいけない」などと言って誓約書を強要した。しかし、彼の過去を見るに、もともと新自由クラブでしょう。他にもあちこちを渡り歩いた人が、自民党には沢山いる。まず自らを省みたらどうか。しかもいったい何に対する忠誠心なのか。総理、総裁も二年程度で代わる。そんな変転していくものに忠誠心を持てというのか。彼は日本を独裁国家にするつもりなのか、と言いたくなる。我々政治家の忠誠心は久遠の国家の聖なるものに対してのものです。

もし自由民主党が国家のためにならない政党であれば、そんな党は解党すべきです。そういう発想が必要です。それが改革です。

平野　国家も大事ですけど、やはり社会も人間も大事ですよ。

筆坂　「忠誠心」などという発想が間違っている。歴史を振り返ってみても、人心を掌握できない独裁者が強圧的に求めるものですよ。しかし、主権者は国民なんですから。

村上　中川発言は「閣僚の中に総理よりも目立つ、自分を誇示したがる連中が相当いる」というのだが、それは中川自身のことだ。
　中川発言は「俺は総理に対しても何でも言えるんだよ」という誇示でしかない。後見人としての幹事長だという意識が丸見えなんですね。

平野　もうひとつ。中川さんの発言で一番悪いのは〝絶対〟という言葉を使うところです。政治家は絶対という言葉を絶対に使ってはいけないんです。

一同　(笑)。

村上　政治は相対の世界ですからね。絶対という言葉を使っていいのは一元の社会である宗教の世界だけです。

平野　絶対という言葉を使う政治家を信用するなという教育を私は自民党良識派の前尾繁三郎衆議院議長から受けてきた。

筆坂　中身で勝負できないから誓約書を書かせるんですよ。本当に指導力のある首相なら、余計なことを言わずともつき従ってくるものですよ。

村上　私の経験上、主導権を持つ政党の頭脳が、激動期や硬直状態に陥った時にこそ、どれだけ柔軟性を持てるかが大事なんです。しかし今の自由民主党に柔軟な頭を持っている政治家がいない。

もちろん自民党だけではなく、与野党の幹部にもいない。それが現在の日本の悲劇です。政治の悲劇はその国の国民の悲劇です。

平野 中国の古い言葉で「己を中《むな》しくするにしかず」という言葉があります。「むなしい」というのは「中しい」と書く。それが今、村上さんのおっしゃった柔軟性です。老子の「中道」です。やはり政治家は己を中しくするべきです。

筆坂 哲学なき政治家はダメだと言われたりもしますが、しかし哲学だけで突っ走っても、またダメです。なぜなら現実に即してものを考えられず、思考停止に陥るから。哲学も大切ですが民の声に耳を傾け、世の中の動きに敏感な柔軟性が必要です。哲学と柔軟性。しかし最近の政治家はどちらもない（笑）。

村上 もうひとつ、中川発言で気になったのは「自己犠牲」というこれまでの政治の世界では耳慣れない言葉を使っていることです。自己犠牲などという言葉は、政治家としてだけではなく、社会で人として生きていくうえで、ある意味では、当たり前のことです。もちろん犠牲など他人に強要すべきことではなく、各自が自覚すべきものです。国に、社会に、地域に奉仕する心が大切なんです。

総理が入室しても起立しないとか、私語をやめないとかは、総理の指導力の問題ではなく、閣僚の品性の問題です。小泉が総理の時、小泉に威厳があったから静かだったなんてことではない。言及すること自体が愚劣です。

平野　閣議の最中でもない、写真撮影などマスコミに対するサービスタイムでのことなのに。

「参議院を殺した」参議院自民党と小泉

村上　何かあれば、小泉元首相の「政治家は使い捨て」とか「鈍感力」などという、思いつきの発言を金科玉条のようにとりあげ、マスコミなどもてはやすが、こんな発言に右往左往している自民党の現状こそ嘆かわしい。もっと深い教養を身につけろと言いたい。

こんな政権・与党ですから、よけいに改革が必要です。特に今度の参議院選は有権者の前で、参議院のあり方そのものを堂々と各党が論争する選挙にしなくてはいけない。その結果、勝てば自分たちの政策が受け入れられたことになる。

先ほども取り上げましたが、読売新聞の「参議院の力」という連載企画の最終回に、青森市内で開かれた自民党参議院議員のパーティでの青木議員会長の発言が引用されています。

「自公で過半数を割ったら、衆院で法案が通っても、参議院にきたら（野党の）議長は（本会議場の）ベルを押さない。一つも法案が通らない。安倍内閣も『死に体』になる」と。

こんな暴論が罷《まか》り通るのでは参議院はいらないと思うんです。何度も繰り返しますが、政局から離れ、良識的に国民生活や世界の中での日本の指針を示すのが参議院であり、その政策を訴えるのが参議院選挙なのです。

平野 村上さんのおっしゃる通りですが、その前提は政党がまともで政治家がまともで世の中がまともであることです。これだけ自民党が悪い政治を続けているんですから、もうどこかで政権を変えるという発想も大切です。

昭和二〇年代に憲法が理想とした参議院はすでに死んでいるのです。

今、そうした理想を突然、持ち出されても戸惑うばかりではないですか。どうやって自民党政権を上手に維持していくか、倒すかという政局論だけで与党は考えている。

村上 今回の選挙は、参議院はどうあるべきかが問われる選挙です。それぞれの政党が参議院のあるべき姿を国民に問うものです。国民に問うた後、自民党が多数を取るか否かは単なる結果であって。

小泉内閣が掲げた改革は郵政という一行政の問題でした。では政治改革の本丸は何かといったら、郵政といった一行政改革ではなく政治そのもの、そして政治家の改革です。それを次の参議院選で国民に問えと言いたい。政治のシステムを改革しなければいけない。それが改革の本丸なんです。

筆坂　与野党ともに参議院改革を選挙の公約にすべきです。

平野　今日本は極めて病んでいます。長崎での選挙中の伊藤一長市長銃撃殺人事件をはじめ、格差、貧困を原因とする異様な犯罪のすべての責任が政治にあるとは言いません。しかし、例えば小泉政権の元で弱肉強食政治が蔓延り、郵政解散などは一種の政治的テロと言っても過言ではありません。国民は政治的危機感をもっと認識すべきです。

筆坂　そういう時代だからこそ政治が光明を与えるものにならなければなりません。

村上　何度も言うようですが、「参議院を殺した」のは参議院自民党であり、小泉です。こうした暴挙を敢行した自民党に、そしてそれを許した自民党参議院議員に過半数を与えない常識的判断、審判が国民から下されると思っています。

平野　その通り。このままの参議院でいいのか、あんな形で郵政解散をさせられて、そんな参議院でいいのかを今度の選挙で問うべきです。

筆坂 参議院の再生がかかった選挙ですね。

村上 小泉の言う改革を逆手に取るべきです。本丸は政治改革だと。次の参議院選では参議院改革を問え！

あとがき

『参議院なんかいらない』というタイトルに驚かれた方も多いと思う。しかも筆者が揃いも揃って元参議院議員の我々三人だけに、どうせ恨み、つらみ節だろう、という第一印象をもたれた方も少なくないだろう。だが読んでいただければわかるように、この本の趣旨は、タイトルとは正反対のものである。三人の参議院に寄せる思いは半端なものではない。参議院をあるべき姿に戻したい、否、国権の最高機関の一翼を担う参議院の存在意義を持っと高らかなものにしたい、この一念から三人が忌憚なく語り合ったものである。

人というのは、過去の歴史や歴史的事件を「後世」という高みからあれこれ解釈し、自説を述べることは得意なものである。しかし、存外、自分が生きている時代、「今」がどんな時代なのか、どこに向かっているのかわからないものである。しかし、これだけははっきり言える。自民党、公明党が衆議院で三分の二以上を占めている現状というのは、両党がその気になればどんな法律をもつくることができるということである。この両党の支持率を合計しても五割には到底満たないのに、である。こうなった責任をすべて両党に押し付けるつもりはない。野党もだらしないからだ。ただこれは異常な事態なのだという認識をすべての政党が、国民が持ってほしい。しかも仮にこの与党勢力が数の暴走をした場合、本来それを抑制すべきが参議院なのだが、現実にはこの暴走の前に無力になっている。この事態に危機感を持ってほしい。これは両党のみならず、すべての政党に対してである。これは、間違いなく日本の政治の危機である。これを危機ととらえずに、見逃してしまえば、必ずや将来に禍根を残すことになるだろう。

鼎談では、政党、政治家に対し、忌憚のない厳しい意見を述べた。三人への各党、各政治家からの反論は覚悟の上である。ただこれだけは言っておきたい。我々への批判はいつでも受ける。しかし、それよりもなによりも、死んでしまった、否、殺されてしまった参議院の存在意義をどう回復するつもりか、このことを真剣に考えない政党や政治家は、必ず国民の厳しい批判にさらされるであろうことを。

指呼の間に迫った参議院選挙を政争の具にしてはならない。参議院とはなんたるかを国民に問う選挙であってほしい。

我々三人が邂逅するのは数年ぶりのことであった。互いに久しぶりに聞く「村上節」も、

「平野節」も、「筆坂節」も意気軒昂、かつ真剣なものであった。鼎談は三回、一〇時間以上に及んだ。本書に収録しきれなかったこと、今の時点では公にすることができないことも山ほどあった。いつの日か、それを明らかにする時期も来るかもしれない。しかし、そんなことより本書が参議院の存在意義を高め、日本の民主政治の発展にいささかなりとも寄与することができるなら、我々三人は本望である。「踏まれて草にも花が咲く」ということわざがある。踏みつけられた参議院が、近い将来、見事な花を咲かせることを願ってやまない。

最後になったが、本書の出版を快諾していただいた幻冬舎と編集の労をとっていただいた志儀保博さん、大島加奈子さん、神林広恵さんに心からお礼を申し上げたい。

村上　正邦
平野　貞夫
筆坂　秀世

著者略歴

村上正邦《むらかみまさくに》

一九三二年福岡県生まれ。拓殖大学政経学部卒業。玉置和郎議員の秘書を務めた後、生長の家政治連盟本部で活動。八〇年に参議院議員に初当選。国会対策委員長を経て、宮澤改造内閣に労働大臣として入閣。その後、参議院自民党幹事長、議員会長を務める。野党にも及ぶ政治的影響力から「村上天皇」との異名をとった。KSD事件により二〇〇一年議員辞職。

平野貞夫《ひらのさだお》

一九三五年高知県生まれ。法政大学大学院政治学修士課程修了後、衆議院事務局に就職。衆議院議長秘書などを経て九二年、参議院議員初当選。自由民主党、新進党、自由党などを経て二〇〇三年民主党に合流。議会運営と立法過程に精通する唯一の政治家として高い評価を得る。〇四年、政界引退。『昭和天皇の「極秘指令」』（講談社＋α文庫）など著書多数。

筆坂秀世《ふでさかひでよ》

一九四八年兵庫県生まれ。高校卒業後、三和銀行に就職。十八歳で日本共産党に入党。二五歳で銀行を退職し、専従活動家へ。日本共産党国会議員秘書などを経て九五年、参議院議員初当選。「共産党のナンバー4」として国会論戦で指導的役割を担ってきた。二〇〇三年にセクハラの嫌疑をかけられ議員辞職。共産党離党後出版した『日本共産党』（新潮新書）がベストセラーとなる。

著者の詳しいプロフィールは「まえがきに代えて」参照。

幻冬舎新書 041

参議院なんかいらない

二〇〇七年五月三十日 第一刷発行

著者 村上正邦＋平野貞夫＋筆坂秀世

発行者 見城 徹
発行所 株式会社 幻冬舎
〒一五一-〇〇五一 東京都渋谷区千駄ヶ谷四-九-七
電話 〇三-五四一一-六二一一(編集)
〇三-五四一一-六二二二(営業)
振替 〇〇一二〇-八-七六七六四三
ブックデザイン 鈴木成一デザイン室
印刷・製本所 中央精版印刷株式会社

Printed in Japan ISBN978-4-344-98040-2 C0295
む-1-1
幻冬舎ホームページアドレスhttp://www.gentosha.co.jp/
＊この本に関するご意見・ご感想をメールでお寄せいただく場合は、comment@gentosha.co.jpまで。